LIVRO DE RECEITAS DO PROFESSOR DE PORTUGUÊS

Atividades para a sala de aula

Coleção
Formação
Humana
na Escola

Carla Viana Coscarelli

LIVRO DE RECEITAS DO PROFESSOR DE PORTUGUÊS
Atividades para a sala de aula

2ª edição, 3 reimpressões
3ª edição

autêntica

Copyright © 2003 Carla Viana Coscarelli

CAPA
Jairo Alvarenga Fonseca

EDITORAÇÃO ELETRÔNICA
Waldênia Alvarenga Santos Ataide

REVISÃO
Erick Ramalho
Luiz Prazeres

Revisado conforme o Novo Acordo Ortográfico.

Todos os direitos reservados pela Autêntica Editora. Nenhuma parte desta publicação poderá ser reproduzida, seja por meios mecânicos, eletrônicos, seja via cópia xerográfica, sem a autorização prévia da Editora.

AUTÊNTICA EDITORA LTDA.
Rua Aimorés, 981, 8º andar. Funcionários
30140-071. Belo Horizonte. MG
Tel.: (55 31) 3222 6819
TELEVENDAS: 0800 283 13 22
www.autenticaeditora.com.br

C834l	Coscarelli, Carla Viana Livro de receitas do professor de Português : atividades para a sala de aula / Carla Viana Coscarelli . – 3. ed. – Belo Horizonte : Autêntica Editora , 2009.
	136 p. — (Formação humana na escola, 5)
	ISBN 978-85-7526-074-6
	1.Linguagem. 2.Leitura. I.Título. II.Série.
	CDU 003.03 372.4

Sumário

Introdução 07

Entradas/petiscos 11

Saladas 17
Atividade 1 – Cinema imaginário 17
Atividade 2 – A história de Ângela 19
Atividade 3 – Natureza morta 24
Atividade 4 – Cartões postais 26
Atividade 5 – Varal de histórias 27
Atividade 6 – O novo ano 29
Atividade 7 – Quebra-cabeça 31
Atividade 8 – Tangram 35

Pratos quentes 39
Atividade 1 – Pesca e mãos à obra 39
Atividade 2 – Luz do sol 44
Atividade 3 – Circuito fechado 49
Atividade 4 – Cotidiano e Comida 53
Atividade 5 – A casa 61
Atividade 6 – Minhas férias 66
Atividade 7 – Horóscopo 75
Atividade 8 – Manchetes 86

Variações sobre o mesmo prato 89
ATIVIDADE 1 – Não compre, plante 89
ATIVIDADE 2 – Escurinha 94
ATIVIDADE 3 – Glória (Junkie Bacana) 101

Sobremesas 107
ATIVIDADE 1 – Sugestões do *chef* 109
ATIVIDADE 2 – Viagem internacional 116
ATIVIDADE 3 – Contando piadas 118
ATIVIDADE 4 – Charges 119
ATIVIDADE 5 – Cartões 121
ATIVIDADE 6 – *Chat* 123
ATIVIDADE 7 – Vendendo a empresa 127

Cafezinho / Licor 129
ATIVIDADE 1 – Pontuação – Meus critérios 129
ATIVIDADE 2 – Você aceita? 130
ATIVIDADE 3 – Bebum romântico 131
ATIVIDADE 4 – O caso da vírgula 132
ATIVIDADE EXTRA – Bom conselho 132

Introdução

Receitas para o ensino de português

Há muito tempo venho trabalhando com o ensino de português e com cursos de desenvolvimento e atualização de professores da nossa língua materna. É fácil notar que muitos professores já conseguem falar de uma nova aula de português, ou seja, já se convenceram de que o ensino precisa ser diferente; de que a gramática tradicional não pode mais ser o centro de todas as atenções; que o trabalho com vários gêneros discursivos é importante; que os diferentes falares de cada região do Brasil, bem como as diferenças de registro, precisam ser respeitados e explorados; que habilidades cognitivas envolvidas na leitura e na escrita precisam ser desenvolvidas etecera e tal. No entanto, esses mesmos professores, que já sabem com o que trabalhar na aula de português, assumem que não sabem o que fazer nessa aula. Não sabem como explorar os textos que escolhem, sem cair nas atividades tradicionais (geralmente "gramatiqueiras", ou sem propósito definido).

É para ajudar os professores na criação de atividades, sobretudo de leitura, que atendam a esta nova perspectiva do ensino de língua materna, que este livro foi criado. Esse manual ou *livro de receitas*, como prefiro chamar, não é uma camisa de força, nem um material didático para ser usado "de cabo a rabo" pelo professor em suas turmas. Do mesmo jeito que se consulta um livro de receitas quando se quer fazer um prato novo ou "mudar o tempero", o intuito deste livro é dar ao professor algumas receitas testadas e aprovadas para que ele consiga, mais facilmente, chegar a uma nova prática da aula de língua que todo mundo fala, mas que muito pouca gente faz. Lembro que este material não esgota as possibilidades de atividades de leitura de uma sala de aula, assim como nenhum livro de receitas deste mundo esgota todas as possibilidades culinárias. Estes são apenas alguns pratos saborosos que podem servir de inspiração para muitos outros. Dando seu toque pessoal, o professor vai adicionar, a cada uma delas, elementos que as tornarão mais adequadas aos interesses e necessidades dos seus grupos.

Embora seja um livro que só apresenta a prática, todas as atividades têm motivação em teorias modernas (e que nem por isso são novidade) dos estudos da linguagem e da aprendizagem da leitura, que não serão desenvolvidas aqui, por não ser a teoria, e sim a aplicação dela em sala de aula, o propósito deste livro. Serão apresentadas, no entanto, algumas referências a autores e livros que podem ser consultados, lidos e relidos, por quem quiser conhecer melhor as teorias que fundamentam tais atividades.

Este livro não tem nem a ilusão nem a pretensão de resolver problemas de professores que se contentam com as receitas. Na verdade, sua intenção é mostrar que a sala de aula pode ser diferente, cheia de atividades prazerosas tanto para os alunos quanto para os professores e, ao mesmo tempo, muito eficazes no desenvolvimento de habilidades de leitura e de produção de textos. E assim, incentivar os professores a ler livros, artigos e revistas teóricas, atiçar a curiosidade e a necessidade deles de conhecer cada vez mais e melhor a vasta literatura especializada nestes assuntos produzida no Brasil e no mundo, para que eles sejam capazes de criar suas próprias atividades, construindo, assim, a ponte entre a teoria e a prática.

Nem todas as atividades que apresento foram criadas por mim. Umas são adaptações do que vi outros professores fazendo em suas salas de aula, algumas foram inspiradas em trabalhos de alunos e outras eu devo ter lido em algum lugar. A verdade é que, eu não sei bem de onde essas atividades vieram, pois, como as receitas, elas passam de mão em mão, de ouvido em ouvido e às vezes ninguém sabe de onde saíram. Para esses casos, agradeço e peço licença aos criadores. Prometo citar a fonte sempre que souber identificá-la. Talvez o mais importante não seja de onde elas vieram, mas para que servem e que resultados podem gerar. Tenho usado todas em muitos cursos e elas costumam trazer resultados positivos, pois se mostraram eficazes no desenvolvimento de estratégias de leitura usadas pelos alunos e os fazem exercitar várias habilidades envolvidas na compreensão e na produção de textos.

Não menciono o público-alvo das atividades por acreditar que a maioria delas pode ser usada com alunos de várias séries a partir do quinto ano de escolarização. O grau de dificuldade das tarefas pode variar de acordo com o texto que o professor escolher ou o nível de profundidade das discussões que ele espera alcançar. Na verdade, muitas dessas atividades podem ser feitas com alunos de qualquer faixa etária e em qualquer nível de escolaridade. Basta, para isso, o professor fazer algumas adaptações, diminuindo ou aumentando o grau de exigência no cumprimento das tarefas, trocando os textos e algumas perguntas por outros mais adequados ao seu grupo, usando um vocabulário mais acessível aos seus alunos, entre outras alterações que julgar necessárias para o sucesso da tarefa. Em suma, cabe aqui o velho "tempero a gosto", tão conhecido de todos os amantes da cozinha.

No mais, só me resta desejar que as receitas rendam bons pratos, ou melhor, boas leituras, bons textos e boas reflexões.

Bom apetite a todos!

Entradas/petiscos

Aqui estão algumas atividades que podem ajudar o professor a chamar a atenção dos alunos ou a fazer com que eles voltem suas atenções para a aula de português, além de servirem para iniciar discussões sobre alguns fenômenos linguísticos. São atividades para abrir o apetite dos alunos para a aula de português. Os textos produzidos pelos alunos nessas atividades devem ser sempre recolhidos pelo professor e computados como pontos ou bônus para os alunos que participaram. Sendo assim, sugerimos que o professor distribua meia folha em branco de papel A4 a cada aluno para a realização das tarefas. Os textos não serão corrigidos – uma vez que não é esse o interesse dessas atividades - mas sugerimos que sejam lidos pelo professor, a título de curiosidade, pois apresentam resultados muito interessantes.

Essas atividades devem ser feitas *rapidamente* pelos alunos, portanto, o professor deve distribuir, sem demora, as folhas de papel entre os alunos e estabelecer o limite de 5 minutos para a realização da atividade. Passado esse prazo, o professor pode dar um tempinho extra (mais 5 minutos) para que eles possam terminar a tarefa. É importante não ceder tempo demais, para não perder a dinâmica e o propósito de fazer com que os alunos se concentrem profundamente na tarefa.

Como qualquer entrada ou petisco, não deve haver exageros aqui. Apenas *uma* atividade dessas de cada vez e de tempos em tempos é o suficiente para deixar seus alunos famintos e sedentos por mais aventuras nas suas aulas.

▸ Objetivos

Essas atividades não têm objetivos linguísticos específicos, mas ajudam os alunos a pensar sobre as possibilidades que nossa língua nos oferece e podem gerar discussões muito interessantes. No entanto, elas servem, antes de mais nada, para relaxar os alunos e trazer todos os sentidos deles para a sala de aula. É uma forma (meio maquiavélica e engraçada) de o professor conquistar a atenção e o coração dos seus alunos, entre outras coisas boas que vocês descobrirão com o tempo.

1 ATIVIDADES

Lesmolinas e gramilvos

> Era briluz. As lesmolinas touvas
> Roldavam e relviam nos gramilvos
> Estavam mimssicais as pintalouvas,
> E os momirratos davam grilvos.[1]

O professor vai ler esse trecho do poema de Lewis Carroll[2] para os alunos. Caso seja possível, o professor pode fazer cópias desse trecho do poema para cada aluno, deixar que eles leiam e dar as instruções em voz alta para toda a turma. Depois deve perguntar a eles que língua é essa. Além disso, deve pedir a eles para justificarem a resposta. As respostas não devem ser dadas oralmente pelos alunos, mas escritas no papel.

---

[1] Tradução de Augusto de Campos, in: *Aventuras de Alice*. São Paulo: Summus, 1980.

[2] Lewis Carroll é o pseudônimo do escritor e matemático inglês Charles Lutwidge Dodgson (nascido em 1832 e muito conhecido por ter escrito *Alice no país das maravilhas* (1865)).

Variação

O professor deve ler o trecho do poema para os alunos e pedir a eles para escreverem o que entenderam do texto. Feito isso, alguns alunos vão ler o que escreveram e a turma deverá discutir as semelhanças e as diferenças das interpretações e que elementos do texto justificam isso.

Non sense

Os alunos deverão escrever (em 5 minutos) um parágrafo sem sentido. Depois, alguns deles vão ler os parágrafos para a turma, que vai discutir se a tarefa foi devidamente cumprida. Os alunos podem ser incentivados a explicar o que faz com que aquele parágrafo não tenha sentido.

Uma foto, muitas histórias

Dada uma série de fotos de pessoas, deixada sob a mesa do professor, cada aluno deverá escolher uma e criar (em 5 minutos) uma história da vida daquela pessoa da foto.

- ☞ *Continuação 1*: Algumas histórias devem ser lidas para a turma que fará uma avaliação da adequação da história contada para aquela "personagem" da foto.

- ☞ *Continuação 2:* As fotos podem voltar à mesa do professor ou serem expostas no quadro e algumas das histórias deverão ser lidas para os colegas para que eles identifiquem a foto a que cada texto se refere.

Trem das cores

Cada aluno deve escrever um pequeno texto falando sobre uma cor, sem mencionar o nome dela, mas deixando claro de que cor se trata, para os colegas descobrirem de que cor ele está falando. Alguns alunos deverão ler seus textos para que os colegas descubram o nome da cor que o colega escolheu e discutir, se for o caso, por que a cor não foi descoberta pela turma e o que poderia ser feito para que o texto cumprisse melhor sua missão.

Abstratos

O professor deve mostrar uma pintura abstrata para os alunos e pedir que eles façam uma descrição do quadro, incluindo nela o que sentem ao vê-lo. As sensações e "interpretações" da pintura deverão ser discutidas pelos alunos.

Escrito nas estrelas
Os alunos deverão usar os cinco minutos para escrever o horóscopo do seu signo para aquele dia. Os alunos devem ser incentivados a escrever horóscopos engraçados ou apocalípticos, para provocar o riso na turma. Alguns textos deverão ser lidos para o grupo e a adequação do texto ao gênero horóscopo poderá ser rapidamente discutida.

Vendendo até a alma
Os alunos deverão escrever um anúncio de jornal vendendo um membro da sua família. Alguns anúncios poderão ser lidos para o grupo e os motivos para a "venda" desse parente podem ser colocados em discussão.

Hora da verdade
Cada aluno escreverá um bilhete (anônimo ou assinado) para um colega. Os bilhetes serão entregues aos destinatários (pelos alunos ou pelo professor), que podem ou não responder, oralmente ou por escrito.

Dicionário subjetivo
Em cinco minutos, os alunos deverão criar uma definição, como a de um dicionário, de palavras desconhecidas ou pouco conhecidas, como: **abaçá, ábaco, estau, momices, tenterê, ximbute**. Observação: não vale consultar o dicionário.

É interessante que os alunos leiam para a turma as definições que criaram e comparem as suas com as dos colegas.

A título de curiosidade, o professor, depois de recolher os textos dos alunos, pode ler as definições do dicionário Aurélio para cada um desses termos:

abaçá S. m. 1. Barracão do terreiro. 2. Sala de cerimônias.

ábaco S. m.1. Mesa ou aparador que os antigos usavam com finalidades diferentes, conforme a época. 2. Mesa coberta de tênue camada de areia ou de cera, usada pelos antigos para os primeiros delineamentos da geometria ou da escrita. 3. Moldura retangular, com arames, nos quais correm pequenas bolas, e empregada para iniciar alguém na aritmética elementar.

estau S. m.1. Ant. Casa onde se hospedavam a corte e os embaixadores. 2. Estalagem, pousada, hospedaria.

tenterê [De provável or. indígena.] S. f. 1. Espécie de jacaré.

ximbute S. m. Bras., PE. Pop. 1. Indivíduo baixo e barrigudo.

momices S. f. pl. 1. Trejeitos, esgares, caretas; monada. V. careta.

Dando nó em pingo d´água

Os alunos devem escrever um parágrafo bem estruturado usando as seguintes palavras **água, definir, disquete, muda, nada, negro, odor, tecer**. Em duplas ou pequenos grupos, os alunos deverão discutir as formas que encontraram para unir essas palavras e julgar o sentido dos textos produzidos.

Mundo atual

Os alunos devem escrever a respeito de um objeto (liquidificador, janela, chuveiro, porta-retrato, criado mudo, abajur etc.) sem mencionar o nome dele para os colegas descobrirem o que foi descrito no texto.

Emoções

Os alunos devem descrever um determinado sentimento (inveja, amor, saudade, ciúme, tristeza, alegria etc.). As diferentes opiniões devem ser comparadas e discutidas, sem, no entanto, a finalidade de chegar a um consenso.

Com metas

Os alunos devem escrever metaforicamente a respeito de um animal (ou de um instrumento musical) para os colegas descobrirem de que animal (ou instrumento) se trata.

Enchendo os balões

Dados alguns quadrinhos ou tirinhas com os balões em branco, os alunos deverão preencher as falas. As diferentes possibilidades de preenchimento dos balões deverão ser discutidas pelos alunos.

Memória de elefante

O professor lerá um texto simples como o seguinte para os alunos:

> Jô foi ao restaurante.
> Ele se sentou em sua mesa predileta.
> Recebeu o cardápio e ao garçom pediu camarão.
> Foi servido com presteza, pagou e foi ao cinema.

Os alunos devem prestar atenção, porque depois da leitura deverão escrever o texto com as mesmas palavras do original. Antes de os alunos começarem a escrever, o professor deverá fazer 5 ou 6 perguntas que a turma deverá responder "em coro", como por exemplo: quem é o presidente do Brasil? Que dia você nasceu? Para que time torce?, entre outras. Somente depois disso os alunos poderão escrever o texto lido pelo professor.

As diferenças entre o original e a reescrita dos alunos devem ser usadas para discutir nossa capacidade de fazer inferências, a diferença entre aprender e decorar, e mostrar que as alterações feitas significam que os alunos entenderam, mas que nossa memória guarda o sentido, e não a forma literal do texto.

Saladas

Um prato fresco, leve e colorido que servimos antes do prato principal. Muitas vezes as saladas até dispensam outros pratos. É assim que vejo as atividades desta parte do livro de receitas. O professor vai encontrar aqui atividades alegres, variadas e deliciosas, que alimentam o corpo e a alma dos participantes. Como em todas as outras receitas sugeridas, um ingrediente básico e indispensável é o bom humor.

ATIVIDADE 1 – *Cinema imaginário*

Os alunos escutam quatro curtos trechos de músicas instrumentais variadas que, segundo o professor, são partes de trilhas sonoras de filmes. Enquanto estão ouvindo, devem imaginar que tipo de filme era aquele, que cena, quantos personagens havia na cena etc.

Os alunos, então, depois de cada trecho de música ouvido, descrevem o que aconteceu na "telinha imaginária".

Para dar mais emoção, o professor pode dar a seguinte instrução:

> Imagine que você é um diretor de cinema iniciante e foi contratado por um senhor milionário para fazer o filme dos seus sonhos. O milionário lhe daria todo o dinheiro de que você precisasse para fazer seu filme. A única condição imposta por ele foi que você usasse essa música no filme.

Toca-se um dos fragmentos e alguns alunos contam para os colegas como imaginaram seus filmes.

> Como todo bom milionário, o senhor é temperamental. Desistiu dessa música e apresentou uma outra opção. Esqueçam a outra e imaginem como será o filme com essa nova música.

Repete-se esse procedimento até o último fragmento que será aquele que o milionário diz que não vai abrir mão, nem trocar por outro. Após cada segmento tocado, alguns alunos, um de cada vez, vão contar para os colegas o filme que criaram.

Num segundo momento, o professor discute com os alunos as seguintes questões:
- O que há de comum entre os filmes imaginados?
- E o que há de diferente entre eles?

A partir das respostas a essas perguntas, o professor vai discutir com os alunos o papel do conhecimento prévio, das experiências pessoais e culturais que compartilhamos, na compreensão tanto de uma música quanto de um texto escrito.

▸ Objetivos
- Perceber elementos da música que indicam ambiente, época e circunstância.
- Refletir sobre o papel do conhecimento prévio individual e cultural na leitura.

▸ **Avaliação**

A avaliação é feita levando os alunos a discutir que interpretações são as mais ou as menos pertinentes e o porquê.

▸ **Sugestão para atividade de produção de texto**

Os alunos podem ser estimulados a criar os diálogos do filme ou o roteiro completo dele. Para isso, pode-se dividir a sala em grupos e cada grupo fica responsável pelo filme correspondente a cada uma das músicas. Eles devem escrever não só a história, mas, também, a descrição dos cenários, das vestimentas das personagens, os diálogos, a movimentação, e o que mais desejarem.

Seria interessante pesquisar juntamente com eles o que é e como se elabora um roteiro, por exemplo. Pode-se sugerir também a leitura de trechos de peças teatrais para que vejam como são escritos.

ATIVIDADE 2 – *A história de Ângela*

Em círculo:

1ª parte – O professor começa a contar uma história. Cada aluno continua a história com pelo menos **uma** frase completa.

Sugestão para o início:

> *Era meia noite, a lua iluminava a praia onde Ângela estava muito bem acompanhada...*

A história tem de terminar no último aluno do círculo.

Terminada a história os alunos devem comentá-la. O professor vai estimulá-los com perguntas sobre a coerência na caracterização das personagens, a lógica dos acontecimentos, aspectos como a continuidade, a articulação e a progressão do texto que criaram (ver COSTA VAL, 2001[1]).

---

[1] COSTA VAL, Maria da Graça. "Repensando a textualidade". In: AZEVEDO, José Carlos (org.). *Língua Portuguesa em Debate: conhecimento e ensino*. Petrópolis: Vozes, 2001, p. 34-51.

2ª parte – Feito isso, os alunos, em pequenos grupos, devem recontar a história por escrito, fazendo as modificações que julgarem pertinentes para torná-la mais interessante e mais coesa. Dessa vez, a história será recontada do ponto de vista de outra personagem. No caso da nossa sugestão, essa pessoa pode ser o acompanhante de Ângela (que, normalmente, é o namorado dela).

3ª parte – Um voluntário lê a sua história (ou a história do seu grupo) para os colegas.

O professor estimula os colegas com perguntas a respeito do namorado, como:

- Qual a idade deste namorado?
- Qual o grau de instrução dele? E a profissão?
- Ele é romântico? Por quê?

O professor pergunta para o escritor do texto se ele pensou naqueles detalhes, se a construção da personagem foi intencional e se ele imaginou a personagem como os colegas perceberam.

OBSERVAÇÃO

Esta parte da atividade visa mostrar que as palavras usadas pelo autor transmitem muitas informações que, às vezes, nem ele mesmo pensou transmitir por meio do seu texto. As entrelinhas existem e são normalmente identificadas pelo leitor, por isso, no momento da redação, o autor precisa planejar cuidadosamente sua escrita a fim de transmitir ao leitor, algo próximo da sua intenção. É preciso sempre pensar no leitor. Uma vez que ler não é só decodificar a escrita, é preciso ler as entrelinhas, entender além do que está escrito.

3ª parte – Estando os alunos em pequenos grupos, o professor distribui cartões com traços de personalidade, que os colegas dos outros grupos não devem ver, como: romântico, caretão, indeciso, brigão, tarado, sofisticado, apaixonado, vaidoso, desconfiado, intelectual, desastrado etc.

Os alunos de cada grupo vão reescrever o texto de modo que, quando lerem para os colegas, esses consigam descobrir a característica do namorado (atenção: a palavra-chave, bem como seus cognatos, não podem aparecer no texto. Ou seja, se a característica é "bobo", o grupo não pode usar palavras como: bobinho, bobão, bobagem, bobice, bobeira; mas a ideia de que o namorado é bobo tem de estar clara para os colegas que vão escutar o texto).

Um aluno do grupo lê o texto e os colegas dos demais grupos falam qual o traço mais marcante da personalidade do namorado. O texto terá cumprido seu objetivo se os colegas identificarem de imediato, e sem dúvidas, a característica da personagem.

▶ Objetivos

Essa atividade tem como objetivo de leitura fazer com que os alunos identifiquem elementos do texto que marcam os traços das personagens. Como é uma atividade que envolve a produção de textos, o objetivo da escrita é fazer com que os alunos criem textos pensando no leitor e tenham a oportunidade de ver a reação do leitor ao texto que produziu.

▶ Avaliação

Nessa tarefa, o escrever torna-se um ato fluente, instigante, divertido e criativo. As produções dos alunos nessa atividade nos ensinam, entre outras coisas, que eles têm muito conhecimento da língua. O que muitas vezes lhes falta é oportunidade para mostrar isso.

Uma vez que a qualidade do texto está na reação do leitor, a avaliação é feita quando os alunos leem seus textos para os colegas. Se a característica intencionada for identificada imediatamente por eles, o texto cumpriu seu objetivo. Caso contrário, deverá sofrer alterações. Essas alterações podem ser discutidas pelos colegas que apontarão os elementos que fizeram com que aquela característica não ficasse clara.

É importante observar que o professor não é o centro da aula, que o texto tem um "leitor/recebedor" e que o aluno sabe o que vai escrever, para quem e com que objetivo está escrevendo. O mesmo acontece com o leitor (recebedor) que sabe quem escreveu e qual o propósito da sua leitura (escuta).

> Numa atividade deste tipo,
> não faz sentido o professor corrigir os textos.

▸ **Observações**

1. Caso começar de uma história conhecida, como por exemplo Chapeuzinho Vermelho[1], essa atividade pode começar já na **3ª parte**. Fica muito interessante e divertido quando aquelas características são atribuídas ao Lobo ou à Chapeuzinho. No caso de usar histórias prontas, é preciso deixar claro para os alunos que eles podem alterar a história o quanto for necessário. O importante é que a característica dada seja identificada pelo leitor.

2. Essa atividade pode ficar mais difícil. No exemplo da história da Ângela e da Chapeuzinho Vermelho, foi dada uma característica para apenas uma das personagens da história. No entanto, podem ser dadas mais características para mais personagens. Um exemplo seria dar uma característica diferente para cada um dos porquinhos da história dos três porquinhos. Outro exemplo seria pedir aos alunos para recontar a história da Chapeuzinho Vermelho do ponto de vista do Lobo, deixando claras no texto as características dessa personagem escritas no cartão recebido por cada grupo. As características do Lobo podem ser, por exemplo:

---

[1] Adultos e adolescentes também adoram "brincar" com essas histórias de criança.

paulista	alemão	carioca
+ 60 anos	+ 30 anos	+ 17 anos
ricaço	classe média	pobre (periferia)
médico	dono de restaurante	surfista
tarado	desastrado	bêbado
mineiro	**gaúcho**	**nordestino**
+ 20 anos	+ 50 anos	+ 40 anos
pobre	rico	classe média
peão de fazenda	político	professor
ciumento	homossexual	sofisticado
turco	**mineiro**	
+ 30 anos	+ 25 anos	
milionário	novo rico	
joalheiro	fazendeiro	
pão-duro	grosseirão	

> **OBSERVAÇÃO**
>
> Cuidado com a pressa, o segredo da boa culinária é o tempo de cocção dos alimentos. No caso dessa atividade, é melhor o professor começar com uma situação mais fácil – uma característica para uma personagem – e numa segunda vez, dificultar um pouco, para não desanimar os alunos. Essa tarefa pode parecer fácil, mas não é. Normalmente, na primeira vez, muitos dos alunos não conseguem deixar clara a característica da personagem.

3. É extremamente proveitoso que se converse com os alunos, em algum momento dessa atividade, sobre variação linguística, preconceito, estereótipos e outras questões que o comportamento do grupo fizerem necessárias.

ATIVIDADE 3 – *Natureza morta*

Os alunos são organizados em dois grandes grupos (A e B) que se sentam de costas um para o outro.

Na frente de cada grupo é colocada uma pequena mesa ou mesmo uma carteira.

O professor recolhe aleatoriamente alguns objetos dos alunos (ex.: tesoura, caneta, cola, livro, estojo, borracha, guarda-chuva etc.) e os dispõe em cima da mesinha (é bom lembrar que quanto mais objetos forem usados mais difícil e mais demorada será a tarefa). Ele vai fazer isso com os dois grupos simultaneamente e é importante que os alunos de um grupo não vejam o que está acontecendo no outro (quem olhar para trás é desclassificado!). Feita a distribuição dos objetos sobre a mesa, individualmente ou em duplas, os alunos dos dois grupos têm de descrever a disposição dos objetos colocados na mesinha com o objetivo de que o colega do outro grupo – que não viu aquela organização da mesa – consiga repeti-la com total precisão.

Quando todos tiverem terminado seus textos, a turma se reúne e um colega do grupo A lê o seu texto para que um componente do grupo B siga as instruções do texto para organizar os objetos na mesinha. Depois disso, um colega do grupo B lê o texto para um componente do grupo A. Vence o grupo e o colega do grupo adversário que conseguirem chegar o mais próximo da organização original dos objetos na mesinha.

Em suma, os passos dessa atividade são os seguintes:

1. O professor explica o que vai acontecer.
2. O professor recolhe os objetos (mesma quantidade de objetos para cada grupo) e faz a disposição deles sob as mesinhas.
3. Os alunos descrevem a disposição dos objetos.
4. O professor desfaz a disposição dos objetos e seleciona um voluntário de um dos grupos (ex.: grupo A)
5. Um dos alunos do outro grupo (ex.: B) lê o texto escrito (descrições ou instruções) e o colega do grupo, no caso A,

tenta, seguindo as instruções, refazer a disposição dos objetos na mesa.

▸ Algumas regras

- O aluno que leu não pode repetir as frases nem fazer comentários. Aconselha-se que o leitor leia devagar, parando a cada sentença ou parte da sentença.
- Quem está montando a natureza morta pode pensar alto e fazer perguntas, mas o leitor não pode responder.

▸ Discussão

Depois de montada a natureza morta, é interessante perguntar para quem montou a cena o que sentiu, que dúvidas e sensações teve. A mesma conversa deve ser tida com quem escreveu e leu o texto. Deve-se discutir com a turma questões como:

Como surgiram os problemas constatados? O que causou a dificuldade? De onde vêm esses problemas? Como solucioná-los?

▸ Objetivos

Fazer com que os alunos percebam os elementos do texto escrito que podem orientar ou desorientar o trabalho do leitor.

▸ Avaliação

A avaliação é feita durante a leitura dos textos, ou seja, durante a atividade os próprios alunos vão perceber os problemas e as qualidades do seu texto, uma vez que acompanham a reação do seu leitor.

Essa atividade serve tanto como tarefa de leitura quanto de escrita, porque leva o aluno a perceber tanto o trabalho de recepção quanto de produção do texto escrito.

> Deve-se discutir com os alunos o fato de que a não compreensão de um texto pode não ser problema do leitor, e sim da falta de clareza e explicitude do texto, por exemplo.

ATIVIDADE 4 – *Cartões postais*

O professor prega vários (entre 30 e 40) cartões postais nas paredes da sala, todos eles numerados. Caso o nome do lugar esteja escrito no cartão, o professor deve tampá-lo, para que ninguém saiba com certeza o nome do lugar que o cartão representa.

Depois de andar pela sala e escolher 3 lugares (cartões) onde "passou as férias", os alunos deverão escrever um texto contando a viagem – imaginária, é claro – que fizeram. É importante lembrar aos alunos que nessa viagem vale tudo e que eles têm dinheiro suficiente para pegar aviões, navios e o que mais for preciso.

Os textos devem ser escritos de modo que os colegas, ao lerem o texto, reconheçam e identifiquem os lugares, ou seja, os cartões por onde o colega viajou.

Em suma, os passos são os seguintes:

1. Os alunos se levantam, olham todos os cartões e escolhem três. Os números dos cartões escolhidos devem ser anotados por cada aluno.
2. Os alunos escrevem o texto. A ideia é soltar a imaginação, apelar para emoções, sensações, cores etc. Não há limite de tempo, nem de dinheiro, nem de recursos para essa viagem.
3. Um de cada vez, os alunos leem o seu texto e os outros tentam descobrir o número dos cartões que o colega escolheu.

▶ **Avaliação**

Terá atingido seu objetivo o texto que levar os colegas a descobrirem mais facilmente o número dos três cartões escolhidos pelo autor.

É interessante o professor ir ao quadro assim que cada aluno terminar de ler seu texto e anotar os números que os colegas falarem. Quanto menor a variação de números e quanto mais colegas acertarem os números dos cartões escolhidos, melhor a tarefa foi cumprida.

É importante repetir essa atividade em outras situações, com os mesmos cartões ou com outros, com fotografias ou recortes de revistas. Da segunda vez, o aluno consegue prever melhor a reação do colega e selecionar melhor as informações que deve usar no seu texto, para que a tarefa seja cumprida.

▶ **Objetivos**

☞ *Leitura*

- Levar o leitor a procurar, no texto, os elementos que possibilitem identificar os cartões escolhidos pelos colegas.
- Fazer com que o leitor identifique a intenção comunicativa do texto, por meio da identificação dos elementos que o autor selecionou para colocar no texto e levando em consideração o conhecimento compartilhado por eles (no caso, os cartões).
- Mostrar que o fato de ele não ter conseguido realizar a tarefa de identificar corretamente os cartões pode não ter sido sua culpa. O leitor deve perceber quando o texto tem problemas que inviabilizem o cumprimento de uma determinada tarefa.

☞ *Escrita*

- Fazer com que o aluno veja a reação do leitor ao texto que produziu.
- Conscientizar o escritor da importância de escolher bem os elementos que vão nortear o trabalho do leitor e levá-lo ao cumprimento de uma tarefa específica.
- Fazer com que o escritor leve em consideração o leitor e os conhecimentos que ambos compartilham.

ATIVIDADE 5 – *Varal de histórias*

▶ **Material**

Barbante ou fio de nylon e fita crepe.

▸ Procedimentos

Fazer "varais" na sala e pedir que os alunos, em grupos, montem em cada parte dele uma história. Para isso, deverão usar somente objetos, gravuras e/ou desenhos. Os objetos deverão ser dependurados no varal de forma que os membros dos outros grupos, ao olharem o varal, sejam capazes de reconstruir a história imaginada pelo grupo que o confeccionou.

Os alunos observam um varal e constroem uma história para ele – o grupo que montou a história fica observando a reação dos colegas ao interpretar o varal. Um colega (ou vários ao mesmo tempo) conta a sua interpretação da história enquanto o grupo que a montou só escuta.

É importante lembrar que para cada varal pode haver mais de uma interpretação. O interessante é fazer com que os alunos indiquem os elementos do varal que sinalizaram um caminho diferente do que foi intencionado pelo grupo.

▸ Objetivos

- Desenvolver a habilidade de fazer diferentes tipos de inferências a fim de preencher as lacunas deixadas pelo autor.
- Reconhecer os elementos do estímulo que possibilitam a construção da história.
- Usar conhecimentos prévios para construir sentido para o texto.
- Identificar possíveis falhas nos estímulos que dificultam e/ou impossibilitam a construção do sentido.
- Distinguir informações mais e menos relevantes para a construção da história.
- Fazer com que o autor perceba a reação do leitor aos elementos que selecionou para seu texto, identificando, assim, falhas e acertos na construção dele.

▸ Avaliação

Há, nesta atividade, dois elementos sendo avaliados: a leitura e a produção do texto. Na leitura, o professor deve ficar atento aos sentidos construídos pelos alunos ao "ler" as histórias montadas pelos outros grupos. É preciso alertá-los para o fato de que, na construção do significado, eles devem respeitar as referências e indicações escolhidas pelos autores. Por outro lado, é preciso chamar a atenção dos produtores para os elementos que possibilitaram ou inviabilizaram a construção do sentido pelos leitores.

ATIVIDADE 6 – *O novo ano*

> O NOVO _____
>
> Acaba de ser lançado no mercado mais um _____, com as mesmas características dos outros _____: chega pontualmente no dia _____ e vem cheio de promessas e esperanças. Tem o mesmo comprimento e a mesma largura: 365 x 12, salvo modificações durante o período – coisa que não acontece há centenas de anos. Vem como todos os outros, com os mesmos defeitos de _____: apenas um domingo por _____. Sem contar a maioria dos feriados, colocados levianamente bem no meio das _____ – e não se aceitam reclamações. Apesar de tudo, tem exatamente _____ de garantia, às vezes parece mais, às vezes menos. É um _____ bastante acolhedor, com capacidade para abrigar toda a população do mundo, inclusive a que vai nascer. Seu slogan para o consumo é o mesmo que vem sendo utilizado com sucesso desde o início: "Feliz _____". Se não der certo, vem outro aí.
>
> (Leon Eliachar, *O homem ao meio*.
> São Paulo: Círculo do Livro, s/d, p. 239)

▶ **Procedimentos**

O aluno recebe o texto[2] e tem como tarefa descobrir as palavras ou expressões das lacunas. Depois de completadas, os alunos

---

[2] O professor, ao reproduzir este texto, deve tomar cuidado para que o nome da atividade "O novo ano" não apareça na cópia dos alunos. Os alunos devem receber apenas o que está dentro da moldura.

deverão discutir qual a palavra ou expressão se encaixa melhor em cada uma das lacunas. O professor deve estimular os alunos a dizer que palavras ele pensou serem as mais adequadas, mas verificou que não faria sentido e que elementos do texto o levaram a essa conclusão. Espera-se que os alunos sejam capazes de identificar os elementos do texto que marcam a ideia de "ano", como: chega pontualmente no dia *primeiro de janeiro*; um domingo por *semana*; *um ano* de garantia; "Feliz *Ano Novo*"; entre outras.

Além de estimular o aluno a estar atento aos elementos do texto que estão mais imediatamente relacionado com o tema central e que o compõem, o professor deve fazer perguntas aos alunos que os levem a perceber a intenção do autor de, irônica e humoristicamente, criticar a sociedade de consumo e a publicidade.

▸ Objetivos

- Identificar o tema central do texto.
- Identificar os elementos que "marcam" esse tema.
- Levantar e testar hipóteses a respeito do significado do texto.
- Ler nas entrelinhas, buscando a intenção do autor e detectando ironia e humor.

▸ Avaliação

Mais uma vez a avaliação se dá não no fato de o aluno acertar exatamente a palavra usada no texto original, uma vez que outras expressões similares podem ser usadas por ele, mas em o aluno saber justificar por que uma determinada palavra ou expressão pode ou não substituir aquela lacuna. Caso o aluno use palavras inesperadas, ou que o professor julga inadequadas, o melhor a fazer é perguntar ao aluno o que o levou a pensar naquela possibilidade e se ele julga que aquela opção pode ser sustentada até o final do texto (*geralmente os alunos nos surpreendem com lógicas e possibilidades imprevisíveis*). O mais importante não é acertar, mas refletir sobre os elementos linguísticos que permitem ou impedem o uso de determinada palavra naquele contexto.

O texto completo é o seguinte:

O NOVO *ANO NOVO*

Acaba de ser lançado no mercado mais um *ano novo*, com as mesmas características dos outros *anos*: chega pontualmente no dia *primeiro de janeiro* e vem cheio de promessas e esperanças. Tem o mesmo comprimento e a mesma largura: 365 x 12, salvo modificações durante o período – coisa que não acontece há centenas de anos. Vem como todos os outros, com os mesmos defeitos de *fabricação*: apenas um domingo por *semana*. Sem contar a maioria dos feriados, colocados levianamente bem no meio das *semanas* – e não se aceitam reclamações. Apesar de tudo, tem exatamente *um ano / 12 meses* de garantia, às vezes parece mais, às vezes menos. É um ano bastante acolhedor, com capacidade para abrigar toda a população do mundo, inclusive a que vai nascer. Seu slogan para o consumo é o mesmo que vem sendo utilizado com sucesso desde o início: "Feliz *Ano Novo*". Se não der certo, vem outro aí.

ATIVIDADE 7 – *Quebra-cabeça*

Fale algumas palavras para seus alunos ou escreva-as no quadro e peça a eles que montem, a partir delas, uma história. Lembre-se de dizer a eles que essas palavras foram tiradas de um texto e que quem se aproximar mais do texto original vai ganhar um prêmio.

A escolha das palavras e do texto original vai variar de acordo com a maturidade dos alunos. Veja o exemplo a seguir:

---

[2] Os prêmios mencionados nesse livro vão depender algumas sugestões: um cartão carinhoso, sincero e bem humorado escrito pelo professor. Aqui vão algumas sugestões: um cartão carinhoso, sincero e bem humorado escrito pelo professor, um delicioso bombom ou chocolatinho, a dispensa de um para casa, um pontinho extra, um lápis ou uma caneta (bonitinhos), e até, quem sabe, um livro interessante. Para as meninas vale um brinquinho, anelzinho ou outro acessório da moda, que não precisa ser caro e pode ser comprado em feiras livres ou lojas populares.

Karl	18....	presentes	
paredes	incomoda	aniversário	
agosto	caça-moscas	bateu	
força	cabeceira	eu	
derrubou	roupão		gorro
medo	contrariar	lençóis	

Depois de construir as histórias, individualmente ou em grupos, os alunos as leem para a turma.

As semelhanças e diferenças entre os textos lidos são apontadas e discutidas.

Finalmente, o texto original é lido.

As palavras acima foram tiradas do texto: "O preceptor Karl Ivanovitch", primeiro capítulo do livro *Memórias* de Tolstoi.

É um livro lindo e leve, para quem quer ter momentos de leitura extremamente prazerosa. Além disso, Tolstoi é um mestre da literatura russa, nunca ter lido esse escritor pode ser uma falha no curriculum de um cidadão letrado. Romancista russo do século 19, Leon Tolstoi é muito conhecido pelos seus livros Guerra e Paz e Ana Karenina. É, sem dúvida, um gênio da literatura.

Só para dar água na boca, aqui estão os primeiros parágrafos do livro:

O preceptor Karl Ivanovitch

No dia 12 de agosto de 18..., exatamente três dias após o meu décimo aniversário de nascimento, – aniversário que tão lindos presentes me trouxera, – o preceptor Karl Ivanovitch fez-me acordar, batendo-me com um caça-moscas; mas procedeu com tal força e tal descaso que quase derrubou o pequenino ícone pendurado à minha cabeceira. A mosca morta – decerto! – me caiu sobre o rosto.

Retirei o nariz de sob os lençóis com tempo suficiente para avistar a santa ainda oscilante; atirei a mosca ao chão, e com os olhos cheios de cólera e sono encarei Karl Ivanovitch.

> Envolto num vistoso roupão acolchoado, com faixa do mesmo pano, um gorro de malha vermelha à cabeça, o preceptor caminhava ao longo das paredes, no quarto, e continuava sua caçada às moscas.
> "Está bem – pensava eu – não passo dum menino. Mas por que é que ele me incomoda?... Por que não caça as moscas da cama de Volodia? Também há moscas lá... É que eu sou mais novo e o menor... Por isso é que me atormentam... É só no que ele pensa – só se ocupa em me contrariar. Sabe muito bem que me acordou, que tive medo... e finge não ter reparado... Sujeito repulsivo! O roupão dele, faixa, o gorro, tudo dá nojo!
>
> (Leon Tolstoi)

▸ Objetivo

Apesar de ser uma atividade de produção de texto, este exercício estimula o aluno a desenvolver habilidades de leitura como gerar inferências, fazer previsões, reconhecer o campo semântico que liga as palavras do texto e usar seus conhecimentos prévios para construir significado. Além disso, quando o original é lido, o aluno será levado a construir um significado para esse texto e compará-lo com o que foi produzido por ele, desenvolvendo assim a habilidade de perceber semelhanças e diferenças e de fazer ajustes mentais, reformulando suas previsões, para que eles se adaptem ao novo estímulo recebido.

▸ Avaliação

Não há certo ou errado nessa atividade. Cada grupo ou aluno vai construir sua história a partir das palavras que, diga-se de passagem, foram escolhidas propositalmente para que não haja muita coincidência entre as histórias criadas pelos alunos. A diversidade de possibilidades torna a atividade mais interessante e mais divertida. Para essa atividade, a escolha do texto de Tolstoi é apenas uma sugestão, um exemplo, para ser mais exata. Caberá ao professor escolher um texto que, provavelmente, os alunos não conheçam, e que ele julga ser apropriado para essa atividade e adequado aos interesses e às habilidades de leitura dos seus alunos.

▶ **Sugestões de leitura para o professor**

Para maiores informações sobre habilidades de leitura, sugerimos o texto:

SCOTT, M. "Lendo nas entrelinhas". *Ilha do Desterro*. Florianópolis, n. 13. p.101-123, 1985.

Para quem quer saber mais sobre inferências, sugerimos a leitura de:

CORRÊA, H. T. "Análise de ´erros´ de leitura numa perspectiva psicolingüística". *Presença Pedagógica*. Belo Horizonte: Dimensão, n. 21, mai/jun, p. 48-54, 1998.

COSCARELLI, C. V. "Leitura em ambiente multimídia e a produção de inferências". Faculdade de Letras, UFMG, 1999 (Tese de doutorado).

DELL´ISOLA, Regina Lúcia Péret. *Leitura: inferências e contexto sociocultural*. Belo Horizonte: Formato, 2001.

DELL´ISOLA, R. L. P. "O efeito das perguntas para estudo de texto na compreensão da leitura". *Cadernos de Pesquisa*. Belo Horizonte: NAPq /FALE/UFMG, n.23, mar. 1995.

▶ **Outra sugestão**

A mesma atividade pode ser feita com palavras de outros textos que levam o aluno a observar que vocabulário é normalmente usado em determinado gênero textual.

No exemplo dado na moldura, é provável que a maioria dos alunos escrevam uma notícia. Sugerimos, então, que o professor aproveite a oportunidade para discutir essa semelhança entre os textos produzidos pelos alunos, as características desse gênero textual e as variações que ele permite (ou exige), dependendo do público que quer atingir. Dependendo do interesse da turma, o professor pode explorar com eles notícias em vários jornais impressos e em diferentes meios (ex. emissoras de rádio, TV, *sites* da Internet).

ATIVIDADE 8 – *Tangram*
(material do aluno)

▸ **Procedimentos**

1. Você vai escolher 5 dessas gravuras e vai descrever cada uma delas.
2. Leia as suas descrições para a turma.
3. O professor vai anotar no quadro os números das gravuras que os colegas identificaram como sendo descritas pelo colega.
4. Se os colegas acertarem as cinco gravuras, você está de parabéns, caso contrário, reescreva suas descrições e tente outra vez.

Tangram

(material do professor)

Esta atividade serve para que os alunos percebam as reações que os leitores têm ao ler o texto dele. É interessante ver como o outro entende meu texto, que elementos do texto fizeram com que o leitor se desviasse do meu objetivo comunicativo ou da ideia que eu tinha em mente. Assim, o autor poderá na sua próxima produção usar essas informações para "cercar" os leitores, ou melhor, para usar de artifícios linguísticos que levem os leitores a se aproximarem mais do objetivo pretendido por ele. Esta atividade ajuda o aluno a desenvolver estratégias mais eficientes de escrita, fazendo com que ele seja mais malicioso na construção dos textos.

▸ **Objetivos**

☞ *Leitura*

- Identificar os elementos do texto escolhidos pelo autor que possibilitem a realização da tarefa.
- Procurar colocar-se no lugar do autor para fazer inferências necessárias à compreensão do texto.
- Fazer com que o aluno perceba que o fato de ele não ter conseguido realizar a tarefa de identificar as imagens pode não ter sido sua culpa. O leitor deve perceber quando o texto tem problemas que inviabilizam o cumprimento da tarefa.

☞ *Leitura*

- Fazer com que o escritor leve em consideração o leitor e os conhecimentos que compartilham.
- Fazer com que o aluno veja a reação dos leitores ao texto que produziu e repense suas estratégias de escrita em função dessas reações.
- Conscientizar o escritor da necessidade de escolher bem os elementos que vão ser usados no texto, a fim de nortear adequadamente a leitura do texto, levando ao cumprimento da tarefa.

- Estimular os alunos a considerarem, no momento da produção, os objetivos do texto para, assim, planejarem a melhor maneira de alcançá-los.

▸ **Avaliação**

A avaliação dessa atividade se dá no decorrer da execução da tarefa.

Os colegas acertarem os números das figuras escolhidas e descritas pelo autor é sinal de que o texto cumpriu os objetivos. Caso contrário, o professor deve estimular os alunos, com a ajuda dos colegas, a identificar os elementos do texto que impediram os colegas de encontrar as figuras pretendidas pelo autor e a oferecer soluções e modificações no texto para que ele cumpra seus objetivos.

O ideal seria que o professor, num outro dia, refizesse a atividade, para que os alunos colocassem em prática as estratégias adquiridas nas discussões da primeira experiência.

É notável a diferença entre a primeira e a segunda aplicação dessa atividade. O professor deve chamar a atenção dos alunos para isso e pedir que eles comparem os textos produzidos nas duas aulas.

▸ **Algumas dicas especiais do mestre cuca**

a. Quando pensamos um texto, as ideias estão completas na nossa cabeça, mas quando escrevemos nem sempre deixamos claro tudo que gostaríamos de dizer. Muitas vezes contamos que o leitor faça inferências que ele não é capaz de fazer, porque não tem dados suficientes para isso.

É bom que o autor conheça a reação dos leitores aos textos que escrevem.

Assim, ele perceberá a capacidade do seu texto de atingir o leitor, provocando nele as atitudes, a reação e a interpretação previstas (ou próximas delas) pelo autor. Poderá, dessa forma, verificar os aspectos positivos do seu texto e os pontos que ainda carecem de um polimento ou de mudanças maiores para atingir os objetivos a que se propõe.

b. Os alunos devem se sentir à vontade para ler suas descrições para a turma e isso deve ser feito da forma mais amigável possível. O clima de desafio deve ser saudável a ponto de todos os alunos desejarem ler seus textos, e o fato de os colegas não dizerem os números que o autor pretendia deve ser entendido pelos alunos como um desafio para melhorar na próxima tentativa e não como um fracasso.

Esta atividade deve ser feita mais de uma vez, pois, na primeira, a maioria dos textos não cumpre plenamente os objetivos. A cada tentativa os acertos aumentam.

c. O grau de dificuldade desta tarefa pode variar dependendo da quantidade de figuras apresentadas pelo professor e do grau semelhança entre elas (as figuras apresentadas aqui são apenas algumas das inúmeras possibilidades de composição das peças do Tangram) e da quantidade de figuras que os alunos deverão descrever (1, 2, 3, 4, 5, mais do que isso pode fazer com que a atividade torne-se muito demorada e enfadonha).

Pratos quentes

Aqui estão os pratos quentes, não necessariamente os principais. São atividades que lidam com textos de dar água na boca e que sugerem formas de o professor ajudar os alunos a degustarem melhor os textos que leem e que ouvem pelo mundo a fora. Gosto não se discute, sendo assim, nesta seção há textos variados para que cada professor encontre algum que agrade mais aos seus alunos. É bom lembrar que as receitas são apenas sugestões que podem ser feitas com diversos outros textos que o professor ou os alunos tiverem interesse em saborear.

ATIVIDADE 1 – *Pesca e mãos à obra*
(material do aluno)

Vamos começar nossa conversa com duas perguntas para você refletir:
- O que é um texto?
- Que características deve ter um bom texto?

Para ajudar você a respondê-las, sugerimos que leia o texto *A pesca* e depois siga as instruções.

A pesca
Affonso R. de Sant'Anna

O anil
O anzol
O azul

O silêncio
O tempo
O peixe

A agulha
vertical
mergulha

A água
A linha
A espuma

O tempo
O peixe
O silêncio

A garganta
A âncora
O peixe

A boca
O arranco
O rasgão

Aberta a água
Aberta a chaga
Aberto o anzol

Aqüelíneo
Ágil claro
Estabanado

O peixe
A areia
O sol

(SANT'ANNA, Affonso Romano de. In: *Bianchini e Cunha*, 1981, p. 210)

▸ Estudo dirigido

1. Depois de ler *A pesca*, escreva um texto contando para uma pessoa que não conhece esse poema o que você entendeu dele.
2. Leia o texto de um colega e deixe que ele leia o seu. Procure perceber as diferenças e semelhanças entre a sua interpretação e a dele.

   Se o texto que vocês leram é o mesmo, o que justifica as diferenças de interpretação?
3. Discuta com seu colega as diferenças entre a interpretação que você fez desse texto e a dele.
4. Que transformações o texto sofreu para ser transformado em prosa?

Mãos à obra

O procedimento é muito simples. Primeiro você separa as coisas em grupos diferentes. É claro que uma pilha pode ser suficiente, dependendo de quanto há por fazer. Se você precisar ir a outro lugar por falta de equipamento, então esse será o segundo passo. Se não precisar, pode começar. É importante não exagerar. Isto é, é melhor fazer umas poucas coisas de cada vez do que muitas. Isto pode não parecer importante imediatamente, mas as complicações podem começar a surgir. Um erro pode custar caro. No início, o procedimento poderá parecer complicado. Logo, porém, ele será simplesmente mais um fato da vida. É difícil prever algum fim para a necessidade desta tarefa no futuro imediato, mas nunca se sabe. Depois de o procedimento ter sido completado, você deverá agrupar os materiais em diferentes pilhas novamente. Em seguida, eles podem ser guardados nos lugares apropriados. Um dia, eles serão usados mais uma vez e o ciclo então terá que ser repetido. Contudo, isso faz parte da vida.

(Trad. de BRANSFORD, J. e MCCARRELL, N. "A sketch of a cognitive approach to comprehension". *Apud* KLEIMAN, A. *Texto e leitor*. São Paulo: Pontes, 1989. p. 48).

Para quem procura uma introdução aos aspectos cognitivos envolvidos na leitura, esse livro da Kleiman é uma boa pedida. É uma entrada bem leve e de fácil digestão.

1. Leia o texto *Mãos à obra* e conte oralmente para um colega o que você entendeu dele.

   Procure explicar:
   - De que o texto fala?
   - O que são "as coisas"?
   - Que atividade é detalhada nesse texto?
   - Onde ocorrem essas ações?
2. O que aconteceu na sua conversa com seu colega? Por quê?

☞ *Sobre os dois textos*:
1. Os dois textos acima – *A pesca* e *Mãos à obra* – podem ser considerados bons textos? Por quê? Qual a diferença entre eles?
2. Que características fazem com que um texto seja um texto e não apenas uma sequência de frases?
3. Identifique no texto *Mãos à obra*, as palavras que o tornam impreciso, genérico em demasia, e substitua essas palavras por outras que esclareçam o assunto tratado nele.

Pesca e mãos à obra

(material do professor)

▶ Procedimentos

O professor deve discutir com os alunos as questões propostas no início do texto. Essa discussão leva inevitavelmente a conceitos como a construção do sentido, da adequação da linguagem e do propósito do texto. É uma boa oportunidade para o professor mostrar para os alunos que a qualidade texto depende dos seus objetivos e da situação em que ele foi usado.

Na questão 2 do texto *A pesca*, o professor deve estimular os alunos a atentar para detalhes como:
- Quem estava pescando?
- Onde?
- Com quem?
- Pescou ou não algum peixe?

- Quem era estabanado?
- O que é aquelíneo?

O professor deve estimular os alunos a comprovar as interpretações com elementos do texto. Expressões que deixam de lado o texto, em prol do "achismo" do leitor, devem ser evitadas. Nesta discussão, os alunos devem ser levados a perceber a organização cronológica do texto, bem como o efeito das escolhas morfossintáticas feitas pelo autor.

Com relação ao texto "Mãos à obra", o aluno deve perceber que nele faltam as referências. De quê o autor está falando? Esse texto pode ser considerado ruim fora do contexto em que foi usado. Mas, sabendo-se que se trata do processo de lavar roupa e que essa instrução se perdeu com a retirada do título, esse texto pode não ser tão mau assim.

▸ Objetivos
- Levar o aluno a refletir sobre as noções de texto e de textualidade.

▸ Avaliação

Como em toda discussão, o que vale é a linha argumentativa desenvolvida pelos alunos. É preciso que eles mostrem como o texto permite (ou não) a leitura que fizeram.

Espera-se que os alunos saiam da discussão com uma noção aberta do que é um texto, levando em consideração, contudo, que várias interpretações são possíveis, mas nem todas.

▸ Sugestão de leitura

Para embasar teoricamente as discussões com os alunos e dar mais segurança ao professor para lidar com o assunto "texto e textualidade" alguns materiais merecem ser lidos, entre eles:

BENTES, Anna Christina. Lingüística Textual. In: MUSSALIM, F. e BENTES, A. C. (org.). *Introdução à Lingüística: domínios e fronteiras*. Vol. 1. São Paulo: Cortez, 2001. Cap. 7, p. 245-287.

COSTA VAL, M. da Graça. *Redação e textualidade*. São Paulo: Martins Fontes, 1991.

ATIVIDADE 2 – *Luz do sol*
(material do aluno)

Leia e cante, cante e leia, na ordem que você quiser. O importante é apreciar:

Luz do Sol

Luz do sol,
Que a folha traga e traduz
Em verde novo, em folha, em graça,
Em vida, em força e em luz.
Céu azul,
Que vem até aonde os pés tocam a terra
E a terra inspira e exala seus azuis.

Reza, reza o rio,
Córrego pro rio,
O rio pro mar.
Reza a correnteza,
Roça a beira,
Doura a areia.

Marcha o homem sobre o chão,
Leva no coração uma ferida acesa.
Dono do sim e do não
Diante da visão da infinita beleza
Finda por ferir com a mão essa delicadeza,
A coisa mais querida:
A glória da vida.

(VELOSO, Caetano. Luz do sol.
In: *Meu bem, meu mal*. LP Fontana, 1985. L.2, f.1)

Para pensar e discutir com os colegas:
1. Muito provavelmente você conhece esta música, mas agora você vai prestar bastante atenção no que Caetano

Veloso provavelmente quis nos dizer com ela. Para isso, faça uma "tradução" dessa letra, ou seja, escreva em uma linguagem bem direta, sem metáforas[1], o que você entende de cada estrofe (ou de cada verso, se for necessário).

Procure explicar o que significam expressões como "traga e traduz", "inspira e exala seus azuis", "doura a areia", "ferida acesa", entre outras.

Seria bom também que você explicasse o modo de organização do texto e os recursos linguísticos usados nele.

Aqui estão algumas perguntas que podem te ajudar nesse trabalho:

- O que significa "traga e traduz em verde novo"?
- Onde "os pés tocam a terra"?
- O que quer dizer inspirar e exalar azuis?
- Por que o rio reza? Por que a palavra "reza"?
- Por que a correnteza "doura a areia"? Por que a palavra "doura" foi escolhida pelo autor?
- O que é ser "dono do sim e do não"?
- Que "ferida acesa" é essa que o homem leva no coração?
- Todos os homens "marcham sobre o chão"?

2. Discuta a sua interpretação com os colegas e compare a sua com a deles. Converse com eles sobre as diferenças de interpretação. Procurem chegar a um acordo e, caso

---

[1] **Metáfora**: é uma figura de linguagem muito usada em poemas e outros textos literários. Também usamos muita metáfora no nosso cotidiano, como por exemplo, quando dizemos que alguém é um gato ou uma gata. A metáfora consiste em usar uma palavra ou expressão num sentido diferente daquele que lhe é próprio (*se é que existe mesmo essa história de sentido próprio!*).

Ex: O rosto é o *espelho* da alma.
    Ela é uma *cascavel*.
    Júlio vive *voando*.

isso não aconteça, apresentem a questão para a turma toda discutir.

> **LEMBRETE**
> As leituras devem ser sustentadas pelo texto, ou seja, mesmo sendo um texto literário, nem todas as leituras são autorizadas e, portanto, as interpretações devem ser justificadas com elementos do próprio texto.

3. Comente o uso do ditongo *ão* no poema. Onde ele aparece, e com que objetivo?
4. Como o texto está organizado? Faça um esquema dessa organização.

▸ **Objetivos**

- Desenvolver habilidades relacionadas à compreensão de metáforas.
- Refletir sobre os mecanismos de criação metafórica.
- Reflexão sobre aspectos formais do texto como a aliteração e a forma organização textual[2].

Luz do sol
(material do professor)

▸ **Avaliação**

As interpretações dos alunos devem ser ouvidas, respeitadas e valorizadas, no entanto, eles devem ser levados a refletir

---

[2] **Forma de organização textual** - Todo texto precisa ser organizado e há infinitas maneiras de se fazer essa organização. Para quem quer se aprofundar no assunto, uma sugestão é a leitura o livro Técnica de Redação de Magda B. Soares e Edson N. Campos (Rio de Janeiro: Ao Livro Técnico, 1978), no qual os autores explicam detalhadamente maneiras de organizar parágrafos. Os modos de organizar parágrafos podem ser usados na estruturação de textos. Algumas formas de organização textual mais comuns são: ordenação por espaço,

sobre aspectos do texto que sustentam (ou não) aquela leitura[3]. Devem-se valorizar a lógica do raciocínio e a consideração do texto como portador de instruções e não como um mero pretexto para o devaneio.

▶ **Sugestão de interpretação**

Luz do sol, Que a folha traga e traduz Em verde novo, em folha, em graça, Em vida, em força e em luz.	Trocando em miúdos, tragar e traduzir a luz do sol significa fazer fotossíntese, não é? *(isso é que é destruir a poesia de um texto, mas...)*
Céu azul, Que vem até aonde os pés tocam a terra E a terra inspira e exala seus azuis.	O céu vem até a linha do horizonte e todos os seres respiram esse céu, ou seja, respiram o ar de que ele é feito.
Reza, reza o rio, Córrego pro rio, O rio pro mar. Reza a correnteza, Roça a beira, Doura a areia.	O rio com seu barulhinho de ladainha segue o seu destino já traçado de ir para o mar. A correnteza do rio encosta suavemente na beira, como se estivesse fazendo um carinho nela. E a água também colore, dá um tom dourado à areia. É interessante chamar a atenção para o uso da palavra "doura", que vem de

---

por tempo (cronológica), por enumeração, por contraste, por causa-consequência e por explicitação. Sugiro também consultar o clássico GARCIA, Othon M. *Comunicação e prosa moderna*. Rio de Janeiro: Fundação Getúlio Vargas, 1974.

[3] Sobre a questão do papel do leitor, do autor e do texto e a respeito dos limites da leitura, aqui vão dois autores imperdíveis – o Umberto Eco e o Antoine Compagnon:
ECO, Umberto. *Seis passeios pelos bosques da ficção*. São Paulo: Companhia das Letras, 1994.
ECO, Umberto. *Os limites da interpretação*. São Paulo, Perspectiva, 1999.
COMPAGNON, Antoine. *O demônio da teoria*. Belo Horizonte: Ed. UFMG, 1999.

	dourado, de ouro. Essa palavra parece ter sido escolhida pelo autor para nos lembrar que a água transforma a areia, a terra em solo fértil, rico. Transforma a areia em "ouro".
	Nesta estrofe, ele utiliza **a aliteração**, ou seja, a repetição de um som, no caso o /r/, como forma de realçar a sonoridade da água correndo.
Marcha o homem sobre o chão, Leva no coração uma ferida acesa. Dono do sim e do não Diante da visão da infinita beleza Finda por ferir com a mão essa delicadeza, A coisa mais querida: A glória da vida.	Estava tudo em harmonia e equilíbrio, quando chega o homem (marchando, que dá uma ideia de quem está indo para a guerra destruir tudo) com sua ganância e seu livre arbítrio, ou seja, seu poder de decidir o destino da natureza, e acaba por destruí-la.
	O uso do "ão" repetidas vezes enfatiza a ideia de marcha, salienta os caráter negativo da atuação do homem sob a natureza, juntamente com a palavra, também de conotação negativa, ferida (ferir).

Converse com seus alunos sobre as interpretações que fizeram do texto e, se for o caso, verifique com eles se o texto autoriza algumas das leituras feitas.

Se os alunos se envolverem com o tema do texto, talvez seja interessante dizer a eles que há uma esperança, pois assim como existem os homens que marcham "sobre o chão", existem aqueles cujos pés "tocam a terra". Precisamos é fazer a nossa parte.

Descobrir "como" fazer isso pode ser um projeto muito interessante a ser desenvolvido com a turma.

> Sugestão de atividade de produção de texto

Agora você é o poeta. Escreva metaforicamente sobre um assunto, um objeto, um sentimento, um esporte ou qualquer outra coisa do gênero, para que seus colegas consigam descobrir sobre o que você está falando.

☞ **Atenção**: você precisa ser claro o suficiente para os seus colegas identificarem do que você está falando, mas não vale ser óbvio demais.

ATIVIDADE 3 – *Circuito fechado*

(material do aluno)

Circuito Fechado

Ricardo Ramos

Chinelos, vaso, descarga. Pia, sabonete. Água. Escova, creme dental, água, espuma, creme de barbear, pincel, espuma, gilete, água, cortina, sabonete, água fria, água quente, toalha. Creme para cabelo, pente. Cueca, camisa, abotoaduras, calça, meias, sapatos, gravata, paletó. Carteira, níqueis, documentos, caneta, chaves, lenço, relógio, maço de cigarros, caixa de fósforos. Jornal. Mesa, cadeiras, xícara e pires, prato, bule, talheres, guardanapos. Quadros. Pasta, carro. Cigarro, fósforo. Mesa e poltrona, cadeira, cinzeiro, papéis, telefone, agenda, copo com lápis, canetas, blocos de notas, espátula, pastas, caixas de entrada, de saída, vaso com plantas, quadros, papéis, cigarro, fósforo. Bandeja, xícara pequena. Cigarro e fósforo. Papéis, telefone, relatórios, cartas, notas, vales, cheques, memorandos, bilhetes, telefone, papéis. Relógio. Mesa, cavalete, cinzeiros, cadeiras, esboços de anúncios, fotos, cigarro, fósforo, bloco de papel, caneta, projetos de filmes, xícaras, cartaz, lápis, cigarro, fósforo, quadro-negro, giz, papel. Mictório, pia, água. Táxi. Mesa, toalha, cadeiras, copos, pratos, talheres, garrafa, guardanapo, xícara. Maço de cigarro, caixa de fósforos. Escova de dentes, pasta, água. Mesa e poltrona, papéis, telefone, revista, copo de papel, cigarro, fósforo, telefone interno, externo, papéis, prova de anúncio, caneta e papel, relógio, papel, pasta, cigarro, fósforo, papel e caneta, telefone, caneta e papel, pasta, cigarro, fósforo, papel e caneta, telefone, caneta e papel, telefone, papéis, folheto, xícara, jornal, cigarro, fósforo, papel e caneta. Carro. Maço de cigarros, caixa de fósforos. Paletó, gravata. Poltrona, copo, revista. Quadros. Mesa, cadeiras, pratos, talheres, copos, guardanapos. Xícaras, cigarro e fósforo. Poltrona, livro. Cigarro e fósforo. Televisor, poltrona. Cigarro e fósforo. Abotoaduras, camisa, sapatos, meias, calça, cueca, pijama, espuma, água. Chinelos. Coberta, cama, travesseiro.

(RAMOS, Ricardo. *In*: NETO, Antônio Gil.
A produção de textos na escola. São Paulo: Loyola, 1993, p. 82)

▶ **Circuito fechado**

1. Como é o personagem do texto? Procure traçar o seu perfil (suas características, sentimentos, sexo, profissão, temperamento etc.)
2. Que elementos do texto te auxiliaram a chegar a essas conclusões?
3. Como é o dia do personagem?
4. Por que o personagem não tem nome?
5. Repare nas palavras cigarro e fósforo. O que a repetição dessas palavras significa?
6. Este texto tem uma forma particular de organizar alguns elementos. Que sensação a forma de pontuar e paragrafar produz no leitor? Qual a relação entre ela e a vida do personagem?
7. Observe o início e o fim do dia do personagem e explique a escolha do título: Circuito Fechado.

Circuito fechado

(material do professor)

▶ **Sugestões de resposta**

Circuito Fechado (*In:* NETO, Antônio Gil. *A produção de textos na escola.* São Paulo: Loyola, 1993, p. 82).[4]

1. *Como é o personagem do texto? Procure traçar o seu perfil (suas características, sentimentos, sexo, profissão, temperamento etc.)*
2. *Que elementos do texto te auxiliaram a chegar a essas conclusões?*

É um homem	creme de barbear, pincel, espuma, gilete cueca, camisa, abotoaduras, calça, meias, sapatos, gravata, paletó.
ao que tudo indica, mora sozinho	não há ninguém na casa dele.
parece ser um publicitário	mesa, cavalete, cinzeiros, cadeiras, esboços de anúncios, fotos, prova de anúncio, caneta e papel.
parece ser estressado, porque fuma muito e, além disso, tem muitos compromissos	essas ideias são marcadas pela presença, repetidas vezes, das palavras cigarro, fósforo e relógio.

3. *Como é o dia do personagem?*

Ele trabalha muito, não tem tempo para lazer e tem hora para tudo. Parece uma máquina de trabalhar.

---

[4] Esse é outro livrinho (posso chamá-lo carinhosamente assim, porque ele é de fato pequeno e fino) que traz sugestões interessantes de atividades de sala de aula e instiga muitas reflexões por parte tanto dos alunos quanto dos professores. Vale a pena!

4. *Por que o personagem não tem nome?*

Porque ele parece estar representando o homem moderno, portanto, pode ser qualquer um de nós.

5. *Repare nas palavras cigarro e fósforo. O que a repetição dessas palavras significa?*

Essa repetição marca o stress da personagem, marca a ansiedade dele e a falta de cuidado com a qualidade de vida e a falta de preocupação com a saúde.

6. *Este texto tem uma forma particular de organizar alguns elementos. Que sensação a forma de pontuar e paragrafar produz no leitor? Qual a relação entre ela e a vida do personagem?*

A pontuação e a paragrafação, ou seja, o uso de substantivos separados por vírgulas e o fato de o texto se resumir num parágrafo nos dão a sensação de rapidez, de pressa. Parece que tudo está acontecendo muito rápida e automaticamente. Os pontos parecem marcar alguns conjuntos de ações.

7. *Observe o início e o fim do dia do personagem e explique a escolha do título:* Circuito Fechado.

O título se justifica pela ideia de que tudo vai ser igual no dia seguinte e em todos os outros dias, nos levando a refletir sobre a qualidade de vida do homem moderno. (É interessante deixar que os alunos discutam seus pontos de vista sobre isso, os aspectos positivos da vida moderna, as relações homem, trabalho, lazer e família. Eles devem ser estimulados a relatar casos conhecidos, a rotina dos pais e parentes e refletir sobre sua própria rotina e sobre seus planos para o futuro).

▶ **Objetivos**

- Desenvolver uma interpretação, inferindo as relações entre as palavras do texto.
- Refletir sobre a forma do texto, reconhecendo as escolhas do autor e inferindo o propósito dessas escolhas.
- Perceber a relevância do título, estabelecendo a relação entre ele e o restante do texto.

▶ **Avaliação**

Terá cumprido a tarefa o aluno que for capaz de recuperar o perfil da personagem, comprovando sua interpretação com elementos do texto. Será desejável também que ele relacione essa personagem com pessoas de nosso cotidiano e, portanto, seja capaz de perceber nesse texto a intenção do autor de retratar o homem moderno que vive em função do trabalho estressante.

▶ **Atividade de produção**

Redigir um texto falando da vida de um profissional X.

Sem mencionar o nome da profissão, os alunos devem redigir um texto falando da vida de um profissional que eles escolherem. Aqueles que quiserem deverão ler seu texto para a turma, que vai procurar descobrir a profissão da personagem do texto do colega. O próprio aluno avaliará se seu texto cumpriu a missão, a partir da resposta dos colegas ao seu texto. Ou melhor, se todo mundo acertar a profissão que ele tinha em mente, é porque o texto que produziu atingiu os seus objetivos. Caso contrário, é melhor pensar em reformular o texto. Ainda bem que texto não é bolo, pois este, quando não dá certo, não tem conserto!

ATIVIDADE 4 – *Cotidiano e Comida*
(material do aluno)

Cotidiano

Chico Buarque

Todo dia ela faz tudo sempre igual
Me sacode às seis horas da manhã
Me sorri um sorriso pontual
E me beija com a boca de hortelã

Todo dia ela diz que é pra eu me cuidar
E essas coisas que diz toda mulher
Diz que está me esperando pro jantar
E me beija com a boca de café

Todo dia eu só penso em poder parar
Meio-dia eu só penso em dizer não
Depois penso na vida pra levar
E me calo com a boca de feijão

Seis da tarde como era de se esperar
Ela pega e me espera no portão
Diz que está muito louca pra beijar
E me beija com a boca de paixão

Toda noite ela diz pra eu não me afastar
Meia-noite ela jura eterno amor
E me aperta pra eu quase sufocar
E me morde com a boca de pavor

Todo dia ela faz tudo sempre igual
Me sacode às seis horas da manhã
Me sorri um sorriso pontual
E me beija com a boca de hortelã

(HOLLANDA, Chico Buarque de. "Cotidiano".
Construção, 1971, Philips, Faixa 2)

☞ *Cotidiano*

Leia o texto (e/ou escute a música) e responda:
1. Há duas pessoas neste texto: ela e eu.
    Quem é "ela"? Quem é o "eu"?
    Procure traçar o perfil dessas personagens. Idade, profissão, classe social etc.
    Que elementos do texto te levaram a essas conclusões?
2. Na terceira estrofe, o autor rompe um pouco com a estrutura que usou para todas as outras. Como ele faz isso?
3. "Todo dia eu só penso em poder parar." Parar o quê? Parar de quê? Parar por quê?
4. "Meio-dia eu só penso em dizer não". Dizer não para o quê? Dizer não por quê?
5. "Depois penso na vida pra levar". Que vida é essa?
6. "E me calo com a boca de feijão". Se cala por quê?

7. Há uma refeição que as personagens não fazem juntas. Qual é? Que elementos do texto indicam isso?
8. Neste texto o autor usa uma linguagem coloquial. Que elementos do texto nos permitem dizer isso? Por que ele faz uso dessa linguagem?
9. Por que a última estrofe é repetição da primeira?
10. O que esse texto quer dizer? Qual parece ter sido a intenção do autor?

Comida

Titãs

Bebida é água
Comida é pasto
Você tem sede de quê?
Você tem fome de quê?
A gente não quer só comida
A gente quer comida, diversão e arte
A gente não quer só comida
A gente quer saída para qualquer parte
A gente não quer só comida
A gente quer bebida, diversão, balé
A gente não quer só comida
A gente quer a vida como a vida quer
Bebida é água
Comida é pasto
Você tem sede de quê?
Você tem fome de quê?
A gente não quer só comer
A gente quer comer, quer fazer amor
A gente não quer só comer
A gente quer prazer pra aliviar a dor
A gente não quer só dinheiro

A gente quer dinheiro e felicidade
A gente não quer só dinheiro
A gente quer inteiro e não pela metade.

(Titãs. "Comida". *Jesus não tem dentes no país dos banguelas*, 1987, WEA, Faixa 8)

☞ *Comida*

Leia o texto e responda:
1. O que quer dizer:
   "Bebida é água,
   Comida é pasto" ?
2. Quem é "a gente"?
3. O que significa "a gente quer inteiro e não pela metade"?
4. O que os Titãs defendem e o que criticam nesta música?
5. E você, tem fome de quê?
6. Estabeleça uma relação entre *Comida* dos Titãs (1987) e *Cotidiano* (1971) do Chico Buarque.

Cotidiano e Comida

(material do professor)

Algumas das possíveis respostas para as perguntas propostas são:

☞ *Cotidiano*

1. *Há duas pessoas neste texto: ela e eu.*
   Quem é "ela"? Quem é o "eu"?
   Procure traçar o perfil dessas personagens. Idade, profissão, classe social etc.
   Que elementos do texto te levaram a essas conclusões?
   O texto fala do dia a dia de um casal ainda jovem de classe média bem tradicional (tomam café, comem feijão, ele

acorda cedo para trabalhar). O homem é quem trabalha para dar conforto à família, enquanto a mulher fica em casa cuidando dos afazeres domésticos ("diz que está me esperando pro jantar").

2. *Na terceira estrofe, o autor rompe um pouco com a estrutura que usou para todas as outras. Como ele faz isso?*

Em todas as estrofes, o pensamento da personagem gira em torno da sua rotina com sua esposa, mas, na terceira estrofe, ele pensa no seu trabalho, ele pensa sozinho na sua vida profissional. Em todas as estrofes ele fala "dela". Somente na terceira ele usa explicitamente o pronome "eu", repetido na mesma expressão "eu só penso em" nos dois primeiros versos e elíptico nos outros dois versos seguintes.

Todo dia ela faz tudo sempre igual	**Todo dia eu** só penso em poder parar
(**Ela**) Me sacode às seis horas da manhã	Meio-dia **eu** só penso em dizer não
(**Ela**) Me sorri um sorriso pontual	Depois (**eu**) penso na vida pra levar
E (**ela**) me beija com a boca de hortelã	E (**eu**) me calo com a boca de feijão

3. *"Todo dia eu só penso em poder parar." Parar o quê? Parar de quê? Parar por quê?*

O homem parece estar cansado da vida massante que leva, de todos os dias fazer a mesma coisa no trabalho. É interessante notar que ele, nas outras estrofes, fala com carinho da mulher e do que ela faz. O problema dele parece estar no trabalho. É lá que ele pensa em parar, ou seja, que ele pensa em mudar de vida, em fazer uma atividade mais prazerosa. é lá que ele pensa em dizer não para a rotina entediante e também, provavelmente, às relação de poder: dominante x dominado, mandante x mandado, patrão x empregado. Mas logo ele se lembra de que precisa do dinheiro do seu trabalho para levar a vida, para continuar vivendo e se resigna, se conforma, comendo seu feijão, comida das classes menos favorecidas.

4. *"Meio-dia eu só penso em dizer não". Dizer não para o quê? Dizer não por quê?*

Para sua vida sem lazer, sem direitos. Vida de proletário, de trabalhador assalariado. Dizer não talvez porque ele não se sinta feliz e acredita que merece uma vida melhor, com mais oportunidades, com mais cultura, com mais bens.

5. *"Depois penso na vida pra levar". Que vida é essa?*

É sua vida junto da esposa, pois é ele quem paga as despesas da casa e quem deve dar boas condições de vida para sua mulher e provavelmente planeja ter filhos e quer dar a eles o melhor que puder etc. Ele "cai na real" e percebe que não tem como escapar dessa sua vida de trabalhador.

6. *"E me calo com a boca de feijão". Se cala por quê?*

Cala-se impotente frente ao sistema socioeconômico e as relações de poder já mencionadas na resposta 3. Cala-se comendo o feijão, que parece simbolizar a classe social a que pertence.

7. *Há uma refeição que as personagens não fazem juntas. Qual é? Que elementos do texto indicam isso?*

A refeição que as personagens não fazem juntas é o almoço. A mulher diz que espera o marido para o jantar e o beija com a boca de café, indicando que a ação se passa pela manhã e, provavelmente, o casal passou o horário do café da manhã junto. Seis da tarde ela o espera no portão, de onde se pode concluir que ele, como todo trabalhador comum, só volta para casa nesse horário e que eles passarão o horário do jantar juntos.

8. *Neste texto o autor usa uma linguagem coloquial. Que elementos do texto nos permitem dizer isso? Por que ele faz uso dessa linguagem?*

A linguagem coloquial se faz notar no uso do pronome para começar a frase (me beija, me sacode etc.; no uso de "pra", "pro" no lugar de "para" e "para o"; no uso de expressões coloquiais como "ela pega", "vida pra levar" e pleonasmos "sorri um sorriso". O autor faz uso dessa linguagem como mais uma forma de caracterizar as personagens e seu "lugar" na sociedade.

9. *Por que a última estrofe é repetição da primeira?*

   A última estrofe é repetição da primeira para mostrar que a história se repete todos os dias. Para, junto com o título, dizer que a vida da personagem, que por sua vez representa uma camada da nossa sociedade, é repetir sempre a mesma rotina, sem perspectivas de mudanças.

10. *O que esse texto quer dizer? Qual parece ter sido a intenção do autor?*

    A intenção do autor parece ser denunciar uma faceta perversa da nossa sociedade, que é o trabalho e a rotina entediante, idiotizante. O homem cada vez mais vive em função do trabalho. O lazer, a cultura, a arte etc. não fazem parte da sua vida. O texto também parece criticar a posição das mulheres que vivem em função e na dependência do marido, sendo essa outra forma de rotina entediante e idiotizante.

☞ *Comida*

Leia o texto e responda:

1. *O que quer dizer:*
   "Bebida é água
   Comida é pasto"?

   Estes versos podem dizer que água é bebida e pasto é comida, mas existem outras bebidas e outras comidas. Podemos (sobre)viver com o mínimo, no entanto, o homem precisa e merece mais do que o básico.

2. *Quem é "a gente"?*

   O narrador, ao usar a expressão "a gente", se posiciona como porta-voz do povo que só tem, quando tem, o mínimo para sobreviver. *Gente* em oposição a *nós*, ou seja, a escolha de uma expressão mais coloquial marca uma oposição entre os excluídos e os que gozam de algum prestígio e de melhor qualidade de vida.

3. *O que significa "a gente quer inteiro e não pela metade"?*

   Podemos entender esse trecho como sendo um apelo à qualidade de vida. O homem, cidadão, trabalhador, não precisa só de um emprego que lhe mate a fome, mas de lazer, acesso à cultura, à educação, às artes, à diversão.

4. *O que os Titãs defendem e o que criticam nessa música?*

   Eles criticam a vida moderna do trabalho mal remunerado, sem criatividade. Criticam vida sem lazer e sem prazer. Criticam, em suma, a qualidade de vida do homem moderno, sobretudo do povão, que não tem como comprar um livro, ir ao cinema, ao teatro, ao balé, não tem acesso a uma boa comida e a uma boa bebida, a uma moradia decente, entre muitas outras coisas que podemos enumerar.

5. *E você, tem fome de quê?*

   Nesta questão, os alunos devem ser estimulados a levantar problemas do seu bairro, da sua cidade, bem como seus anseios e descontentamentos. O professor deve estimulá-los a conhecer e reivindicar seus direitos, mostrando como podem se organizar e a que órgãos podem recorrer. As discussões podem resultar em muitos documentos verdadeiros, que devem ser encaminhados a seus reais destinatários como a diretora da escola, a secretaria do meio ambiente, da saúde, a prefeitura etc.

6. *Estabeleça uma relação entre* Comida *dos Titãs (1987) e* Cotidiano *(1971) do Chico Buarque.*

   Ambos os textos exploram de maneiras diferentes o tema qualidade de vida.

▸ **Objetivos**

- Levar o aluno a ler nas entrelinhas, buscando reconstruir as intenções do autor e identificando os mecanismos linguísticos que a constroem.
- Desenvolver habilidades relacionadas ao processamento integrativo, estimulando o leitor a relacionar os vários textos que lê, percebendo as diferenças e semelhanças entre eles.

▸ **Avaliação**

Nas atividades que estão sendo propostas, o processo é mais importante que o produto, portanto, a participação do aluno nas discussões e os significados que ele formulou e reformulou, as comparações entre suas interpretações e as dos colegas, bem como as relações que estabeleceu entre os dois textos, devem ser levadas em consideração como um trabalho produtivo que, consequentemente, vai gerar no aluno a aprendizagem, desenvolvendo habilidades de leitura e de expressão oral que farão dele um melhor leitor a cada dia.

▸ **Sugestão para atividades extras**

Além da sugestão já apresentada na questão 5, os alunos podem ser estimulados a procurar em jornais e revistas, reportagens que ilustrem e comprovem a realidade apresentada nas músicas *Cotidiano* e *Comida* e a montar com elas cartazes ou um mural.

Outra sugestão é pedir que os alunos, individualmente ou em grupos, escolham uma música de um conjunto ou compositor que eles gostem e que fale de coisas do cotidiano. Eles devem analisar a letra e apresentá-la para os colegas.

ATIVIDADE 5 – *A casa*

(material do aluno)

A casa[5]

Rubem Braga

Outro dia eu estava folheando uma revista de arquitetura. Como são bonitas essas casas modernas; o risco é ousado e às vêzes lindo, as salas são claras, parecem jardins com teto, o arquiteto faz

---

[5] Este prato foi inspirado na prova de "Português Instrumental" do vestibular de 1992, em que esse texto de Rubem Braga foi usado. A prova foi elaborada por Graça Costa Val, uma mestre-cuca genial, e uma equipe de bambas.

escultura em cimento armado e a gente vive dentro da escultura e da paisagem.

Um amigo meu quis reformar seu apartamento e chamou um arquiteto novo.

O rapaz disse: "vamos tirar esta parede e também aquela; você ficará com uma sala ampla e cheia de luz. Esta porta podemos arrancar; para que porta aqui? E esta outra parede vamos substituir por vidro; a casa ficará mais clara e mais e mais alegre". E meu amigo tinha um ar feliz.

Eu estava bebendo a um canto, e fiquei em silêncio. Pensei nas casinhas que vira na revista e na reforma que meu amigo ia fazer em seu velho apartamento. E cheguei à conclusão de que estou velho mesmo.

Porque a casa que eu não tenho, eu a quero cercada de muros altos, e quero as paredes bem grossas e quero muitas paredes, e dentro da casa muitas portas com trincos e trancas; e um quarto bem escuro para esconder meus segredos e outro para esconder minha solidão.

Pode haver uma janela alta de onde eu veja o céu e o mar, mas deve haver um canto bem sossegado em que eu possa ficar sòzinho, quieto, pensando minhas coisas, um canto sossegado onde um dia eu possa morrer.

A mocidade pode viver nessas alegres barracas de cimento, nós precisamos de sólidas fortalezas; a casa deve ser antes de tudo o asilo inviolável do cidadão triste; onde êle possa bradar, sem mêdo nem vergonha, o nome de sua amada: Joana, JOANA! – certo de que ninguém ouvirá; casa é o lugar de andar nu de corpo e de alma, e sítio para falar sòzinho.

Onde eu, que não sei desenhar, possa levar dias tentando traçar na parede o perfil de minha amada, sem que ninguém veja e sorria; onde eu, que não sei fazer versos, possa improvisar canções em alta voz para o amor; onde eu, que não tenho crença, possa rezar a divindades ocultas, que são apenas minhas.

Casa deve ser a preparação para o segrêdo maior do túmulo.

Rio, maio, 1957.

(BRAGA, Rubem. *Ai de ti, Copacabana*. Rio de Janeiro: Record, 1990, p. 44)

▶ Atividades

1. Na sua opinião, o que o autor quis dizer com a última frase do texto? Você concorda com ele?
2. Destaque os elementos que o autor distribuiu pelo texto para que pudesse finalmente concluir que a "Casa deve ser a preparação para o segrêdo maior do túmulo."
3. Repare na acentuação das palavras do texto. Conseguiu perceber alguma coisa digna de comentários? O quê?
4. No trecho abaixo, o autor opta por repetir a conjunção *e* várias vezes, contrariando as regras de escrita que pregam que a repetição constante da mesma palavra no texto deve ser evitada.

   "Eu estava bebendo a um canto, **e** fiquei em silêncio. Pensei nas casinhas que vira na revista **e** na reforma que meu amigo ia fazer em seu velho apartamento. **E** cheguei à conclusão de que estou velho mesmo.

   Porque a casa que eu não tenho, eu a quero cercada de muros altos, **e** quero as paredes bem grossas **e** quero muitas paredes, **e** dentro da casa muitas portas com trincos **e** trancas; **e** um quarto bem escuro para esconder meus segredos **e** outro para esconder minha solidão."

   Sabendo que Rubem Braga é um escritor de renome e cuja competência linguística está fora de questão, como você explicaria a escolha pela repetição da conjunção **e**?

   Reescreva os dois parágrafos, evitando ao máximo o uso dessa conjunção, ou seja, procure usar outras conjunções nos lugares onde ela foi usada. Faça as modificações que você julgar necessárias no texto para que ele mantenha o sentido original.

5. Você é um corretor de imóveis e tem uma casa muito moderna, ampla e cheia de luz, para vender. Escreva um texto convencendo o autor a comprar essa casa. Esse texto será lido por todos os colegas, que vão assumir o papel da personagem. Vamos ver quem consegue mudar a cabeça daquele que se considera velho e vê a casa como "um asilo inviolável do cidadão triste".

A casa

(material do professor)

A casa

1. *Na sua opinião, o que o autor quis dizer com a última frase do texto? Você concorda com ele?*

   O texto parece indicar que a personagem não quer uma casa moderna, e sim uma casa escura e fechada, pois ela seria o lugar de sua preparação para a morte.

   Os elementos que o autor usou no texto para construir a ideia de que a "Casa deve ser a preparação para o segrêdo maior do túmulo" estão, sobretudo nos parágrafos 5 a 7.

2. *Destaque os elementos que o autor distribuiu pelo texto para que pudesse finalmente concluir que a "Casa deve ser a preparação para o segrêdo maior do túmulo."*

   A casa deve ser "cercada de muros altos", com "paredes bem grossas", "muitas paredes", "muitas portas com trincos e trancas" e ter "um quarto bem escuro", com "um canto sossegado onde um dia eu possa morrer". Devem ser "sólidas fortalezas" e "o asilo inviolável".

3. *Repare na acentuação das palavras do texto. Conseguiu perceber alguma coisa digna de comentários? O quê?*

   A acentuação das palavras "vêzes", "sòzinho", "êle", "mêdo" e "segrêdo" refletem as regras de acentuação da época em que o texto foi escrito, 1957. Depois disso, foi feita uma reforma ortográfica e essas palavras perderam o acento.

4. *No trecho abaixo, o autor opta por repetir a conjunção e várias vezes, contrariando as regras de escrita que pregam que a repetição constante da mesma palavra no texto deve ser evitada.*

   > "Eu estava bebendo a um canto, **e** fiquei em silêncio. Pensei nas casinhas que vira na revista **e** na reforma que meu amigo ia fazer em seu velho apartamento. E cheguei à conclusão de que estou velho mesmo.
   >
   > Porque a casa que eu não tenho, eu a quero cercada de muros altos, **e** quero as paredes bem grossas **e** quero muitas paredes, **e** dentro da

casa muitas portas com trincos *e* trancas; *e* um quarto bem escuro para esconder meus segredos *e* outro para esconder minha solidão."

Sabendo que Rubem Braga é um escritor de renome e cuja competência linguística está fora de questão, como você explicaria a escolha pela repetição da conjunção **e***?*

Reescreva os dois parágrafos, evitando ao máximo o uso dessa conjunção, ou seja, procure usar outras conjunções nos lugares onde ela foi usada. Faça as modificações que você julgar necessárias no texto para que ele mantenha o sentido original.

A repetição da conjunção, além de dar um ar coloquial ao texto, acentua a ideia de adição, dando ênfase a todos os elementos que o personagem quer na sua casa. Não é uma coisa ou outra: com a repetição do "e" o autor reforça a ideia de que a personagem quer todas essas coisas.

Existem várias maneiras de substituir a conjunção **e**. Aqui está apenas uma sugestão:

"Eu estava bebendo a um canto, e fiquei em silêncio. Pensei nas casinhas que vira na revista **assim como** na reforma que meu amigo ia fazer em seu velho apartamento. Cheguei, **então,** à conclusão de que estou velho mesmo.

Porque a casa que eu não tenho, eu a quero cercada de muros altos. Quero as paredes bem grossas, **além disso,** quero muitas paredes. Dentro da casa, muitas portas com trincos **acompanhados de** trancas. **Quero também** um quarto bem escuro para esconder meus segredos, **além de um** outro para esconder minha solidão."

5. *Você é um corretor de imóveis e tem uma casa muito moderna, ampla e cheia de luz, para vender. Escreva um texto convencendo o autor a comprar essa casa. Esse texto será lido por todos os colegas, que vão assumir o papel da personagem. Vamos ver quem consegue mudar a cabeça daquele que se considera velho e vê a casa como "um asilo inviolável do cidadão triste".*

Nesta questão, os alunos devem indicar a casa que comprariam. O vendedor que convenceu mais colegas a comprar a casa moderna ganha um prêmio, ou um lugar de destaque no mural da turma.

▶ **Objetivos**

- As questões propostas visam levar o aprendiz a refletir sobre a forma do texto, reconhecendo as escolhas do autor e inferindo o propósito de tais escolhas.

▶ **Avaliação**

Terão atingido o propósito da atividade aqueles alunos que perceberem como a forma reflete a intenção do autor.

A questão 5 é uma produção de texto que vai estimular o aprendiz a refletir sobre a forma do texto, ou seja, vai levá-lo a perceber a importância, não só da argumentação, mas também da forma que ela deve adquirir, a roupagem com que ela deve se apresentar para se tornar convincente e adequada aos propósitos do texto.

ATIVIDADE 6 – *Minhas férias*

(material do aluno)

Minhas Férias

Luis Fernando Veríssimo

Eu, minha mãe, meu pai, minha irmã (Su) e meu cachorro (Dogman) fomos fazer camping. Meu pai decidiu fazer camping este ano porque disse que estava na hora de a gente conhecer a natureza de perto, já que eu, a minha irmã (Su) e o meu cachorro (Dogman) nascemos em apartamento, e, até os 5 anos de idade, sempre que via um passarinho numa árvore, eu gritava "aquele fugiu!" e corria para avisar um guarda; mas eu acho que meu pai decidiu fazer camping depois que viu o preço dos hotéis, apesar da minha mãe avisar que, na primeira vez que aparecesse uma cobra, ela voltaria para casa correndo, e a minha irmã (Su) insistir em levar o toca-discos e toda a coleção de discos dela, mesmo o meu pai dizendo que aonde nós íamos não teria corrente elétrica, o que deixou minha irmã (Su) muito irritada, porque, se não tinha corrente elétrica, como ela ia usar o secador de cabelo? Mas eu e o meu cachorro (Dogman) gostamos porque o meu pai disse que nós íamos pescar, e cozinhar nós mesmos o peixe pescado no fogo, e comer o peixe com as mãos, e se há uma coisa que eu gosto é confusão. Foi muito engraçado o dia em que minha mãe abriu a porta do carro bem devagar, espiando embaixo do banco com cuidado e perguntando "será que não tem cobra?", e o meu pai perdeu a paciência e disse "entra no carro e vamos embora", porque nós ainda nem tínhamos saído da garagem do edifício. Na estrada tinha tanto buraco que o carro quase quebrou, e nós atrasamos, e quando chegamos no local do camping já era noite, e o meu pai disse "este parece ser um bom lugar, com bastante grama e perto da água", e decidimos deixar para armar a barraca no dia seguinte e dormir dentro do carro mesmo; só que não conseguimos dormir porque o meu cachorro (Dogman) passou a noite inteira querendo sair do carro, mas a minha mãe não deixava abrirem a porta, com medo de cobra; e no dia seguinte tinha a cara feia de um homem nos espiando pela janela, porque nós tínhamos estacionado o carro no quintal da casa dele, e a água que o meu pai viu era a piscina dele e tivemos que sair correndo. No fim conseguimos um bom lugar para armar a barraca, perto de um rio. Levamos dois dias para armar a barraca, porque a minha mãe tinha usado o manual de instruções para limpar umas porcarias que o meu cachorro (Dogman) fez dentro do carro, mas ficou bem legal, mesmo que o zíper da porta não funcionasse e para entrar ou sair da barraca a gente tivesse que desmanchar tudo e depois armar de novo. O rio tinha um cheiro ruim, e o primeiro peixe que nós pescamos já saiu da água cozinhado, mas não deu para comer, e o melhor de tudo é que choveu muito, e a água do riu subiu, e nós voltamos pra casa flutuando, o que foi muito melhor que voltar pela estrada esburacada: quer dizer que no fim tudo deu certo.

(VERÍSSIMO, Luís Fernando. *O nariz e outras crônicas.* Coleção Para gostar de ler, vol.14. São Paulo: Ática, 1995. p.17-18).

Leia o texto e depois responda às questões:
1. Comprove a afirmação: "A ideia de fazer camping dividiu as opiniões da família".

2. Que fatos comprovam, sob o ponto de vista dos pais, que as férias junto à natureza foram frustradas?
3. O narrador afirma "o melhor de tudo é que choveu muito", "no fim tudo deu certo". Por que para ele as férias não foram um fracasso?
4. Quanto tempo, provavelmente, durou o passeio? Comprove sua resposta com afirmações do texto.
5. "... e o melhor de tudo é que choveu muito e a água do rio subiu, e nós voltamos para casa flutuando, o que foi muito melhor que voltar pela estrada esburacada, quer dizer que no fim tudo deu certo."
Que palavras revelam que o garoto gostou do passeio. Como seria essa fala se ela fosse dita pela mãe do garoto?
6. Embora o peixe pescado já tivesse saído "cozinhado" do rio, por que ninguém o comeu?
7. Um texto humorístico geralmente apresenta situações de exagero e absurdos para criar o humor. Identifique no texto três situações desse tipo e explique o que há de exagerado ou absurdo em cada uma delas.
8. Quem é o narrador? Trace o perfil dele (idade, sexo etc.). Que elementos do texto te levaram a essa conclusão?
9. Qual a idade aproximada de Su? Argumente a favor da sua resposta.
10. Por que o cachorro tem esse nome?
11. O autor usa parênteses várias vezes. Explique quando e por que ele faz isso.
12. O que significam as aspas usadas em algumas frases do texto?
13. Observe a paragrafação do texto. Por que ela é assim?
14. O texto apresenta várias marcas da oralidade. Aponte algumas.
15. Reescreva os trechos abaixo de forma a eliminar as características da oralidade presentes nele, sem no entanto, alterar o sentido.
"eu, minha mãe, meu pai, minha irmã (Su) e meu cachorro (Dogman) fomos fazer camping, meu pai decidiu fazer

camping este ano [...] mas eu acho que meu pai decidiu fazer camping, depois ..."

"Mesmo o meu pai dizendo que aonde nós íamos não teria corrente elétrica o que deixou minha irmã (Su) muito irritada, porque, se não tinha corrente elétrica, como ela ia usar o secador de cabelo?"

16. A conjunção **e** aparece diversas vezes no texto. Justifique esse uso da conjunção.

Reescreva o trecho abaixo substituindo essa conjunção por outras palavras, expressões ou recursos, a fim de evitar a repetição dela.

"Mas eu e o meu cachorro (Dogman) gostamos porque o meu pai disse que nós íamos pescar, e cozinhar nós mesmos e o peixe pescado no fogo, e comer peixe com as mãos, e se há uma coisa que eu gosto é confusão. "

Minhas férias

(material do professor)

Apresentamos aqui muitas questões que podem ser propostas aos alunos para lavá-los a refletir sobre diversos aspectos do texto. Cabe ao professor selecionar, entre elas, aquelas que convêm aos seus interesses e objetivos didáticos no momento da utilização desse material.

As respostas não precisam ser todas registradas por escrito pelos alunos. O professor pode escolher algumas para serem redigidas, ou comentar as questões oralmente. É sempre bom variar a dinâmica de trabalho, por isso, outra opção é fazer com que os alunos discutam as respostas em grupos e depois cada grupo apresenta a sua para os demais colegas, levantando os pontos em comum e argumentando sobre as diferenças entre as respostas encontradas.

Algumas das possíveis respostas para as perguntas propostas são:

1. *Comprove a seguinte afirmação: "A ideia de fazer camping dividiu as opiniões da família".*

   De acordo com o narrador, cada membro da família teve uma reação diferente em relação ao passeio, alguns de aprovação, outros de desaprovação. O pai gostou da ideia de acampar por ser uma alternativa barata; assim, não gastaria dinheiro com hotéis. A mãe não queria ir porque tinha medo de cobras. A filha (Su) demonstrou desinteresse quando soube que não poderia ouvir suas músicas nem secar o cabelo. Mas o garoto (o narrador) adorou aquele clima de novidade, de desconhecido, de imprevisto e de inusitado. O cachorro, pela força de seu dono, parece também ter gostado da ideia.

2. *Que fatos comprovam, sob o ponto de vista dos pais, que as férias junto à natureza foram frustradas?*

   Do ponto de vista de um adulto, deu tudo errado. Eles custaram a encontrar um lugar para acampar, tiveram de dormir desconfortavelmente no carro, não conseguiram montar a barraca direito, o zíper estragou, o rio era poluído e só tinha peixes mortos, entre outros acontecimentos que os alunos podem citar.

3. *O narrador afirma "o melhor de tudo é que choveu muito", "no fim tudo deu certo". Por que para ele as férias não foram um fracasso?*

   Por que ele é uma criança com espírito de aventura. Não tem os parâmetros e as expectativas de um adulto. Para ele tudo se transformava em diversão, pois tudo era novidade.

4. *Quanto tempo, provavelmente, durou o passeio? Comprove sua resposta com afirmações do texto.*

   Pelo menos quatro – um dia para chegar ao camping ("quando chegamos no local do camping já era noite); dois dias tentando armar a barraca ("Levamos dois dias para armar a barraca") e provavelmente gastaram mais um dia para voltar para casa.

5. *"... e o melhor de tudo é que não choveu muito e a água do rio subiu, e nós voltamos para casa flutuando, o que foi muito melhor que voltar pela estrada esburacada, quer dizer que no fim tudo deu certo."*

Que palavras revelam que o garoto gostou do passeio. Como seria essa fala se ela fosse dita pela mãe do garoto?

... e o pior de tudo é que choveu absurdamente, tanto que a água do rio subiu muito, e nós acabamos voltando para casa flutuando, o que foi ainda mais terrível que ter de voltar para cada por aquela estrada mais esburacada que a lua, quer dizer que nossas férias foram um verdadeiro fiasco.

6. *Embora o peixe pescado já tivesse saído "cozinhado" do rio, por que ninguém o comeu?*

   Discuta com seus alunos o uso as aspas na palavra "cozinhado".

   Porque o peixe estava podre, velho, estragado.

7. *Um texto humorístico geralmente apresenta situações de exagero e absurdos para criar o humor. Identifique no texto três situações desse tipo e explique o que há de exagerado ou absurdo em cada uma delas.*

   Há muitas opções de resposta, uma delas é a parte que ele critica a mãe dizendo que ela já estava com medo das cobras sem ter saído da garagem do prédio. Voltar para casa flutuando também é um exagero que certamente os alunos apontarão.

8. *Quem é o narrador? Trace o perfil dele (idade, sexo etc.). Que elementos do texto te levaram a essa conclusão?*

   O narrador deste texto é provavelmente um menino por volta de seus 08, 10 anos (é uma criança já alfabetizada, porque foi capaz de "escrever" este texto, mas ainda não é adolescente, pois alguns aspectos de sua fala ou expressos por ela – empolgação, motivação, ingenuidade em relação aos fatos narrados, exagero – revelam uma visão infantil – ao mesmo tempo sarcástica e irônica, características do autor – dos episódios narrados).

9. *Qual a idade aproximada de Su? Argumente a favor da sua resposta.*

   Su, a irmã do narrador, provavelmente está passando pela fase da adolescência, quando o desejo de afirmar a individualidade está à flor da pele. É comum, nesta fase, a música fazer parte da vida do indivíduo, sendo uma grande companheira (daí sua vontade de não deixar o toca-discos e nenhum dos seus discos para trás). Sobretudo, no caso das mulheres, nessa fase da vida, a vaidade também passa a ocupar um lugar de destaque, por isso o secador de cabelos fará tanta falta para ela.

10. *Por que o cachorro tem esse nome?*

    Dog + man (cachorro + homem) = cão homem – esse nome parece evidenciar o caráter humano que os cães têm para as crianças. O cachorro é para ele quase um ser humano; eles nasceram juntos, vivem juntos, têm ideias comuns (na verdade os pensamentos do cachorro são os do narrador).

11. *O autor usa parênteses várias vezes. Explique quando e por que ele faz isso.*

    O nome do cachorro, assim como o da irmã do menino, vêm sempre entre parênteses.

    O uso desse recurso parece mostrar que o menino tem como interlocutor alguém que não conhece sua família e, por isso, a todo momento ele apresenta ou nomeia o cachorro e a irmã.

12. *O que significam as aspas usadas em algumas frases do texto?*

    As aspas marcam o discurso direto, ou seja, a fala de alguém, de alguma personagem.

13. *Observe a paragrafação do texto. Por que ela é assim?*

    O texto tem um parágrafo só e isso indica que o narrador, por ser muito jovem, ainda não se preocupa com esses "detalhes" do texto, além de ser uma forma de marcar o ritmo do texto e dar a ele um tom de oralidade.

14. *O texto apresenta várias marcas da oralidade. Aponte algumas.*

    A paragrafação e a pontuação (muitos períodos separados por vírgulas), muito uso da conjunção "e", repetições de sintagmas, sintaxe truncada.

    É importante mostrar para os alunos que, mesmo sendo um texto que procura representar de alguma forma a oralidade, esse não é um texto oral. Seria interessante pedir aos alunos que gravassem falas espontâneas, fizessem a transcrição delas e comparassem esse texto com as transcrições. Eles chegariam facilmente à conclusão de que este é um texto escrito (e, com certeza, escrito por um adulto). Seria muito interessante que eles levantassem no texto *Minhas férias* os recursos muito típicos da escrita que quase não são usados na oralidade.

15. *Reescreva os trechos abaixo de forma a eliminar as características da oralidade presentes nele, sem no entanto, alterar o sentido.*

    "eu, minha mãe, meu pai, minha irmã (Su) e meu cachorro (Dogman) fomos fazer camping, meu pai decidiu fazer camping este ano [...] mas eu acho que meu pai decidiu fazer camping depois que viu o preço dos hotéis"

    eu, minha mãe, meu pai, minha irmã (Su) e meu cachorro (Dogman) fomos acampar. Meu pai decidiu fazer camping este ano [...] porque considerou alto o preço dos hotéis.

    Discuta outras possibilidades com os alunos. A enumeração dos membros da família podia ser resumida em uma palavra: minha família, por exemplo.

    "Mesmo o meu pai dizendo que aonde nós íamos não teria corrente elétrica, o que deixou minha irmã (Su) muito irritada, porque, se não tinha corrente elétrica, como ela ia usar o secador de cabelo?"

    Minha irmã ficou muito irritada quando meu pai disse que não haveria corrente elétrica no lugar para onde estávamos indo. Ela queria saber como faria para usar o secador de cabelo.

    ☞ *Deixe seus alunos apresentarem e discutirem as diferentes possibilidades de resolver essa questão.*

    ☞ *É interessante discutir com os alunos as alterações que muitas vezes precisam ser feitas também na pontuação.*

16. *A conjunção e aparece diversas vezes no texto. Justifique esse uso da conjunção.*

    O uso constante dessa conjunção é uma característica da oralidade e dá um ar de informalidade e infantilidade ao texto.

Reescreva o trecho abaixo substituindo essa conjunção por outras palavras, expressões ou recursos a fim de evitar a repetição dela.

"Mas eu e o meu cachorro (Dogman) gostamos porque o meu pai disse que nós íamos pescar, e cozinhar nós mesmos e o peixe pescado no fogo, e comer peixe com as mãos, e se há uma coisa que eu gosto é confusão."

Mas eu e o meu cachorro (Dogman) gostamos porque o meu pai disse que nós íamos pescar e cozinhar no fogo o peixe pescado. Além disso, nós comeríamos peixe com as mãos, e se há uma coisa que eu gosto é confusão.

☞ *Converse com os alunos sobre a diferença provocada no texto com o uso de outros conectivos no lugar do "e".*

▸ Objetivos

Levar o aluno a perceber e refletir sobre:
- Os elementos que fazem o humor.
- As características do registro usado e os efeitos dele.
- As diferenças entre oralidade e escrita.
- A diferença entre narrador e autor.
- A caracterização das personagens.
- A paragrafação.
- Marcas de oralidade.

▸ Avaliação

A avaliação da leitura deste texto vai ser verificada no decorrer da discussão das questões. Espera-se, com as questões propostas, que o aluno atente mais para os itens elencados nos objetivos dessa atividade, e isso depende muito do incentivo do professor para que o aluno perceba e aprecie a forma como o autor manipula a língua para atingir seus propósitos comunicativos.

▸ Sugestão para atividade de produção de texto

O professor pode pedir aos alunos para contar (ou inventar) alguma viagem ou um passeio engraçado. Vale exagerar e acrescentar algumas situações absurdas para alegrar a história. Os autores dos textos considerados pela turma como sendo os mais engraçados ganharão pelo menos uma calorosa salva de palmas.

Outra ideia é pedir aos alunos para reescrever a história do ponto de vista de outros personagens, para os colegas dizerem quem está contando: o cachorro, o dono do quintal, um observador, a mãe, uma cobra etc. (isso pode ser sorteado entre os grupos de alunos).

ATIVIDADE 7 – *Horóscopo*

(material do aluno)

1. Leia os horóscopos abaixo:

CÂNCER
21 de junho a 21 de julho
As relações de amizade estão em destaque. Você, porém, estará briguenta e mandona. Controle-se e evite competir sem necessidade. Participe de festas e reveja amigos.

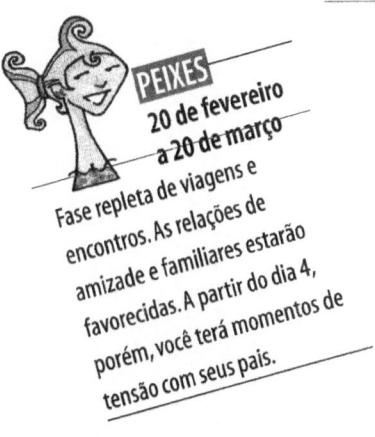

PEIXES
20 de fevereiro a 20 de março
Fase repleta de viagens e encontros. As relações de amizade e familiares estarão favorecidas. A partir do dia 4, porém, você terá momentos de tensão com seus pais.

LEÃO
22/7 a 22/8
É um bom momento para você se dedicar ao trabalho. Para aproveitá-lo bem, terá de dar o melhor de si. Esse é o segredo para o seu sucesso, mesmo que você acredite estar numa posição que não privilegia os seus verdadeiros talentos.

CÂNCER
21/6 a 21/7

Exigências profissionais de maior participação social trazem ansiedade e instabilidade emocional. Tente ver o lado positivo deste momento: construirá novas amizades e também se divertirá mais com a quebra da rotina. Surgirão oportunidades para viagens curtas, favorecendo tanto a vida afetiva quanto a profissional. Ganhe mais independência e maior poder de influência. Não se cobre perfeição, apenas abra-se a novos relacionamentos.

VIRGEM
23/8 a 22/9

Marte, em harmonia com seu signo, traz a coragem necessária para que você faça mudanças sem riscos de perdas. Para isso, confie no seu potencial e valorize-se. Um contrato novo de trabalho, ou um novo projeto, será a motivação para romper com os limites e os medos. Se estiver só, também haverá chance de iniciar um relacionamento. Deixando o passado, você direciona melhor os seus talentos. Não perca a fé em melhorar a sua qualidade de vida.

SAGITÁRIO
22/11 a 21/12

Iniciará uma etapa no desenvolvimento profissional. As oportunidades que estarão surgindo predispõem à construção de uma estabilidade maior. Exerça maior liderança, pois um turbilhão de idéias criativas estará emergindo sem que você faça nenhum esforço. Com o Sol e Vênus em harmonia com seu signo, estará irradiando confiabilidade e atraindo novas relações. Na área afetiva, se estiver só, poderá se apaixonar e estabelecer um vínculo profundo. Se já tiver um compromisso, será uma época de celebrar vitórias.

LEÃO
22/7 a 22/8

É um bom momento para você se dedicar ao trabalho. Para aproveitá-lo bem, terá de dar o melhor de si. Esse é o segredo para o seu sucesso, mesmo que você acredite estar numa posição que não privilegia os seus verdadeiros talentos.

LIBRA
23/9 a 22/10

O desgaste dos relacionamentos está vindo à tona com grande intensidade. Você pode escolher entre se lamentar que as coisas não são mais tão boas como antes e eliminar de uma vez por todas as arestas para que o amor renasça.

ESCORPIÃO
23/10 a 21/11

O momento é de ampliar os relacionamentos e aproveitar as novas amizades. Fará bem a você conhecer outras pessoas e, por meio delas, descobrir outros mundos. Deixe suas limitações e inibições para trás. Acredite: sua alma sempre será livre.

2. Estes horóscopos foram retirados de três revistas: *Carícia, Cláudia* e *Marie Claire*. Descubra em qual dessas revistas cada um deles foi encontrado.

3. Aponte os elementos que te levaram a essa conclusão.

4. Você pode imaginar como seria um horóscopo para uma revista masculina? E para uma revista infantil? E para um jornal rural? E para uma revista para surfistas ou para jogadores de futebol ou de basquete ou ainda nadadores ou mesmo de uma revista de esportes em geral?

Escolha um público definido e escreva o horóscopo para um determinado signo.

5. Leia o horóscopo para os colegas. Se eles acertarem o público a que se destina seu texto, é porque você cumpriu muito bem a sua missão. Caso contrário, converse com seus colegas e seu professor para saber o que falta para você ser um astrólogo muito famoso.

6. Leia o texto abaixo:

ÁRIES
DE 21-03 A 20-04

SAÚDE

Cuidado! O álcool vai acabar te matando! Principalmente se alguém riscar um fósforo quando você estiver com um litro na mão!

AMOR

Hoje você irá reencontrar alguém que conheceu no passado... se prepare, pois terá de devolver os duzentos paus que havia tomado emprestado.

NEGÓCIOS

Não adianta querer ser cantor de rock, se o seu negócio é ficar chorando dor de corno. Procure um parceiro e forme uma dupla de chifrudos, tipo Chatãozinho e Gororoba. Caso contrário, você vai continuar pobre e corno. Afinal, os astros alertam que só existe uma maneira de você evitar chifres e ganhar dinheiro ao mesmo tempo: venda a sua mulher!!!

COR FAVORÁVEL

Cor cunda

NÚMERO DA SORTE

100 chances

TOURO
DE 21-04 A 20-05

SAÚDE

Jamais coma sua namorada fora de hora e evite encher a barriga ... dela. Lembre-se: pare de comer porcaria como, por exemplo, aquela sua vizinha vesga e cheia de varizes.

AMOR

Nesta semana, o destino reserva pra você uma pessoa forte, atraente, sedutora, boa de cama... O único problema é o preço: 300 reais por hora!

NEGÓCIOS

Do jeito que o filé mignon anda caro, o melhor negócio que você faz é tomar muito cuidado pra não ser sequestrado. Com certeza, seus algozes vão te vender para algum frigorífico clandestino. Em tempos de vacas magras, a saída é cortar na carne. Portanto, venda sua mulher para o açougue da esquina e vá tirar umas férias em Cancun.

COR FAVORÁVEL

Cor Neada.

NÚMERO DA SORTE

Os da próxima Megasena acumulada.

CAPRICÓRNIO
DE 21-12 A 20-01

SAÚDE

Se você anda cansado de ficar à toa, descanse. Você leva muito a sério a árdua tarefa de coçar o saco e isto pode trazer sérias complicações para o seu organismo. Vênus, que não tem saco pra coçar, alerta que coçar em excesso pode apagar suas impressões digitais e complicar em muito a sua vida na hora de ser identificado na delegacia, por vagabundagem.

AMOR

Pare de dar uma de ovelha desgarrada, porque isso vai acabar dando bode. Sossega tio... deixe de ser rebelde. Esta sua resistência ao casamento não vai te levar a lugar algum, muito menos à Igreja. Por isso, faça como todo mundo e siga o rebanho. Arranje um cobertor de orelha pra te aquecer naquelas noites mais longas e frias.

NEGÓCIOS

Cansado de ralar o mês inteiro e depois receber aquela mixaria de salário? Estressado de aturar seu chefe lhe chamando de incompetente? Desesperado porque sua mulher paga o açougueiro com a própria carne? Os astros aconselham: mude de emprego e de vida. Procure um trabalho fácil, bem remunerado e que não exija nem que você compareça ao serviço. Candidate-se a vereador em São Paulo!

COR FAVORÁVEL

Vermelho abusado

NÚMERO DA SORTE

2 ou 7, mas pode ser também o 9 ou 5 e ainda o 3 ou 4, quem sabe o 11? 12 até que é bonitinho, né?

- De onde você acha que este horóscopo foi tirado? O que te levou a essa conclusão?
- Em que aspectos ele difere dos demais?
- Qual a intenção do autor com este texto? Comprove sua resposta, usando para isso elementos do próprio texto.

Horóscopo

(material do professor)

Comentários sobre as questões propostas:

1. Se os alunos não conhecem as revistas, esta é uma ótima oportunidade para que elas sejam exploradas em sala de aula. O professor deve discutir com os alunos sobre o público a que se destina a revista; como a linguagem, tanto verbal quanto não verbal, manifesta a intenção de atingir esse público; os assuntos tratados e a abordagem deles; os títulos das reportagens; as propagandas e os produtos anunciados; etc.

2. *Estes horóscopos foram retirados de três revistas:* Carícia, Cláudia *e* Marie Claire. *Descubra em qual dessas revistas cada um deles foi encontrado.*
Carícia, Marie Clarie e Cláudia.

3. *Aponte os elementos que te levaram a essa conclusão.*
O professor deve motivar o aluno a explicitar os elementos do texto que revelam características do público a que se destina, como por exemplo, que "briguenta e mandona", são características de meninas jovens, imaturas; que "brilhar na escola" é um indício de que é uma pessoa jovem que ainda está na escola; e que ter "momentos de tensão com seus pais" é típico de adolescentes, portanto, esses textos devem ser da revista *Carícia*, que se destina a esse público. O horóscopo da *Marie Claire* revela uma mulher de vida social intensa, com "maior participação social"; bem sucedida ou em busca disso, "busque gente que contribua com diferentes valores e informações"; que já tem ou está a procura do sucesso e da maturidade em todas as áreas, social, econômica, amorosa, "conflitos trarão um amadurecimento das relações", "Evite decisões por impulso". Há muitos conselhos para que ela atinja o sucesso, como em: "Invista na carreira: você é capaz de aumentar sua ação e seus resultados",

"Não tenha medo de mudar o que é preciso em sua vida", "Se estiver mais aberta às negociações, terá ótimos resultados".

A mulher de *Cláudia* não é tão cheia de vigor e ambição quanto a da *Marie-Claire*. É uma mulher que espera ser reconhecida, mas sabe que isso não vai acontecer, pois está "numa posição que não privilegia os seus verdadeiros talentos". Por ser uma mulher um pouco mais velha e já não ter mais capacidade de mudar o mundo (parece que já é tarde para isso – ideia que, por sinal, merece uma boa discussão com os alunos), os textos dão a ela conselhos para pequenas mudanças ou resignação: "Para aproveitá-lo [o trabalho] bem, terá de dar o melhor de si" mesmo quando atividade exercida está aquém das suas possibilidades, "Deixe suas limitações e inibições para trás. Acredite: sua alma sempre será livre". Já que o desgaste é inevitável, só resta aceitá-lo, sem se lamentar. Seguindo os conselhos dados no horóscopo, a mulher terá sua alma livre (a alma e não ela) e o velho amor vai renascer (nada de novos amores).

4. *Você pode imaginar como seria um horóscopo para uma revista masculina? E para uma revista infantil? E para um jornal rural? E para uma revista para surfistas ou para jogadores de futebol ou de basquete ou ainda nadadores ou mesmo de uma revista de esportes em geral? Escolha um público definido e escreva o horóscopo para um determinado signo.*

Esta atividade pode ser feita em pequenos grupos ou individualmente. Os alunos deverão usar uma linguagem adequada ao público-alvo e escolher informações condizentes com ele. Recursos como a ironia e o humor são sempre muito bem-vindos. Deverão também utilizar elementos linguísticos que caracterizam o horóscopo, como por exemplo, dar conselhos usando o imperativo ou usando outros recursos mais indiretos; não usar muitos elementos que explicitem as relações entre as frases, como conjunções, deixando-as soltas; usar sobretudo os tempos verbais presente e futuro do presente. Antes que os alunos façam os seus textos é aconselhável que eles sejam incentivados pelo professor a perceber o que há de comum nos textos lidos, ou seja, que identifiquem as características principais desse gênero textual. Gênero textual é o nome dado para as várias formas de textos que encontramos no nosso dia a dia. Por exemplo: uma carta, um bilhete, um resumo de novela, uma ata, um poema, um notícia de jornal, uma entrevista, entre muitos outros. Para um maior aprofundamento sobre esse assunto, uma boa pedida é o texto Nagamine: BRANDÃO, Helena Nagamine (Coord.). *Gêneros do discurso na escola: mito, conto, cordel, discurso político, divulgação científica.* São Paulo: Cortez, 2000. Coleção Aprender e ensinar com textos vol 5. Uma outra sugestão é o livro: DIONÍSIO, Angela P., MACHADO, Maria Auxiliadora B. *Gêneros textuais e ensino.* Rio de Janeiro: Lucerna, 2002.

5. *Leia o horóscopo para os colegas. Se eles acertarem o público a que se destina seu texto, é porque você cumpriu muito bem a sua missão. Caso contrário, converse com seus colegas e seu professor para saber o que falta para você ser um astrólogo muito famoso.*

Quando escutam os textos dos colegas, os alunos devem identificar neles os elementos que marcam o público-alvo. Isto é, devem reconhecer os elementos lexicais, gramaticais e discursivos que o autor selecionou para que seu texto atinja um determinado conjunto de pessoas. Ao mesmo tempo, o produtor do texto terá oportunidade de verificar que leituras seus colegas fazem do seu texto e compará-las à sua intenção comunicativa, refletindo, portanto, sobre o efeito que suas escolhas linguísticas provocam no leitor.

6. Este horóscopo foi encontrado no *site Humor Tadela* (http://www.humortadela.ig.com.br/ - Ano VI - Nº 660 – Acessado em 11 de maio de 2002), que, como o próprio nome diz, é um *site* de piadas e outros textos humorísticos. Ao ler o horóscopo do Humor Tadela, os alunos deverão perceber que se trata de um texto de humor e não de um horóscopo comum, a começar pelas imagens que representam os signos, que já sugerem uma brincadeira.

Devem concluir que esse horóscopo tem algumas características de um horóscopo comum como: textos pequenos separados por signo e organizados por ordem cronológica dos signos no decorrer do ano; apresenta conselhos e previsões; se dirige diretamente ao interlocutor usando uma linguagem coloquial (ex.: "cobertor de orelha", "duzentos paus", "dor de corno", "dupla de chifrudos", "encher a barriga", "porcaria", "coçar o saco", "vagabundagem", "cobertor de orelha"), e cheia de comandos, imperativos (ex.: "Cuidado!", "se prepare", "Procure um parceiro e forme uma dupla", "Jamais coma sua namorada fora de hora", "Lembre-se: pare de comer porcaria", "venda sua mulher", "vá tirar umas férias", "descanse", "Pare de dar uma de ovelha desgarrada", "Sossega tio... ", "deixe de ser rebelde", "faça como todo mundo e siga o rebanho", entre outros).

Há, no entanto, uma característica que não é comum nos horóscopos tradicionais: o pessimismo. No horóscopo do Humor Tadela, nada de bom vai acontecer com o leitor, ele vai ter problemas durante o dia e não vai se sair bem nas suas empreitadas.

Além disso, esse texto é dividido em partes (alguns horóscopos são assim, outros não), é relaxado e foi escrito, entre outras coisas, para fazer o leitor rir e para debochar dos horóscopos tradicionais.

O professor deve fazer algumas perguntas aos alunos para checar se eles compreenderam bem o texto e ajudá-los a compreender os trechos que por ventura ficaram obscuros.

▸ **Observação muito importante**

Estes textos do Humor Tandela são apenas um exemplo de humor explorando o horóscopo. Se você achar que ele é agressivo e que explora demais o sexo, escolha outros. Isso não é problema. De qualquer forma, a irreverência e o apelo sexual podem, além de prender

> a atenção dos alunos (adolescentes adoram essas irreverências), gerar discussões interessantes e ricas a respeito da exploração do sexo na nossa sociedade, como por exemplo nas revistas, propagandas, TV, no carnaval, nas músicas, nas danças. Seria muito rico os alunos discutirem com os colegas sobre erotismo e pornografia. As artes plásticas certamente terão muito a contribuir nessa discussão. Além de tudo isso, os alunos saberem que o professor é um ser humano comum, que também fala bobagem de vez em quando, pode ajudar a descontrair as aulas e contribuir para um relacionamento mais sincero, mais saudável, de mais cumplicidade entre o professor e os alunos.

Considerando todos os textos usados nesta atividade, dois signos não apareceram. Pergunte aos seus alunos quais são (Gêmeos e Aquário) e, caso queira, peça a eles para fazerem as atividades 4 e 5 para um deles. Cada aluno pode ficar livre para decidir o "tom" do texto e o público-alvo. Outra sugestão é pedir que os alunos pesquisem as características desses signos, ou que encontrem em jornais, revistas, Internet etc. as previsões do dia, da semana ou do ano para eles, de forma a incluir esses signos na atividade, em respeito e consideração aos geminianos e aquarianos da turma.

▶ **Objetivos**

Levar o aluno a:

- Identificar o público-alvo de um texto.
- Identificar os elementos linguísticos usados para atingir esse público.
- Refletir sobre a estrutura e a forma do texto de horóscopo.
- Produzir textos reproduzindo a forma prototípica desse gênero textual para atingir um determinado público.

▶ **Avaliação**

Esta atividade terá cumprido seu papel se, ao seu término, os alunos forem capazes de identificar, a que público um texto de horóscopo se destina e que elementos linguísticos são responsáveis por isso.

Pode acontecer de os alunos não serem bem-sucedidos na primeira tentativa de produzir um texto de horóscopo ou de reconhecerem os elementos usados pelo autor para atingir um público específico. Isso não deve ser motivo de punição, pelo contrário, deve ser usado como estímulo para mais um pouco de conversa sobre esse gênero textual e sobre como a linguagem é manipulada para atingir certos fins. Depois dessa conversa e de o aluno ter acesso a mais textos que exemplifiquem isso, deve ser feita uma outra tentativa de reconhecimento dos mecanismos usados no texto de horóscopo bem como uma outra atividade de produção desse gênero textual.

O trabalho com algum gênero textual, sobretudo os menos conhecidos, não deve limitar-se a apenas uma tentativa ou uma aula, mas deve ser um trabalho desenvolvido com vagar e detalhamento para que os alunos, com a prática da leitura e da produção, internalizem a estrutura e o estilo que cada gênero textual requer.

ATIVIDADE 8 – *Manchetes*

O professor deverá selecionar ou pedir para que os alunos tragam de casa manchetes de jornais e títulos de reportagens de revistas.

Juntos, professor e alunos deverão identificar as principais características desses dois tipos de título e escrevê-las em um cartaz.

Feito isso, o professor deverá entregar títulos e manchetes para os alunos identificarem quais deles são de revistas e quais são de jornais. Para isso deverão aplicar as características listadas no cartaz.

Por exemplo:

Manchete / Título	Fonte
Assassinato em Timóteo é mistério	
Brasil e Rússia, países do futuro	
Caminhoneiro não aceita o vale-pedágio	
Cinema fatura com o lanche	
Construindo o passado	
O amigo multimilionário de Pitta	
O grude da previdência	
Pesquisa procura uma saída	
Sexo no trabalho	

Imaginando que o cartaz tenha elementos como os seguintes:

Manchete	Título
Encontrada em jornais	Encontrado em revistas
Costuma ser verbal	Costuma ser nominal
Geralmente no presente do indicativo	Tempo verbal, quando existente, é variável
Tem estrutura sujeito/predicado	Tem estrutura nominal
etc...	

os alunos deverão identificar como sendo manchete "Cinema fatura com o lanche", "Pesquisa procura uma saída", "Assassinato em Timóteo é mistério" e "Caminhoneiro não aceita o vale-pedágio". Como título, deverão identificar "O amigo multimilionário de Pitta", "Brasil e Rússia, países do futuro", "O grude da previdência", "Construindo o passado" e "Sexo no trabalho"

O professor deve estimular a discussão a respeito do porquê dessas características, que é uma consequência do caráter imediatista e de novidade da manchete, dado que jornais são geralmente publicações diárias em oposição às revistas que são normalmente publicações semanais, quinzenais ou mensais. Devem ser discutidas também as diferenças entre os recursos linguísticos usados em função do público a que cada texto se destina.

▸ Sugestão de continuação

É desejável que os alunos façam, a partir dos títulos e das manchetes, previsões do que os textos vão tratar. Devem, além disso, ler a reportagem ou notícia para verificar se suas expectativas e previsões foram confirmadas. Essa parte da atividade faz com que o aluno desenvolva importantes habilidades de leitura que são: fazer previsões e levantar hipóteses, ativar conhecimento prévio sobre o assunto, verificar se as previsões e as hipóteses foram confirmadas, usar o conhecimento prévio na produção de inferências e, consequentemente, na construção de sentido. Além disso, deve reestruturar suas expectativas quando elas não são confirmadas.

Esta é uma atividade extremamente simples e que pode ser feita com qualquer gênero textual, para que os alunos identifiquem ou reconheçam as principais características dele.

▸ Objetivos

- Levar o aluno a reconhecer as características linguísticas e pragmáticas de manchetes e títulos.
- Desenvolver a habilidade de levantar e testar hipóteses em relação ao conteúdo do texto, a partir da manchete ou título.

▸ Avaliação

Nesta atividade, o professor deve ficar atento aos elementos que dificultam o trabalho do aluno de classificação do texto como sendo título ou manchete. É possível que algum item não esteja claro para o aluno. Nesse caso, deve discutir, rediscutir e reformular novamente com ele os critérios do quadro que elaboraram. Em relação à atividade sugerida como continuação, o professor deve ajudar os alunos a perceberem as diferenças entre as previsões confirmadas pelo texto e as que não o foram, fazendo com que percebam que nem sempre as previsões são confirmadas e, nesse caso, elas devem ser refeitas e um novo sentido, dessa vez autorizado pelo texto, deve ser construído.

▸ Sugestão de leitura para o professor

Para quem quer saber um pouco mais sobre títulos e manchetes uma leitura interessante é:

> CORRÊA, Hércules T. *Processos de leitura: a influência do título na construção de macroestruturas textuais.* Belo Horizonte: FALE/UFMG, 1996. (Dissertação de Mestrado).

É uma leitura extremamente prazerosa.

Para quem quer ir ainda mais fundo nessa conversa, outra sugestão do Chef é: VAN DIJK, T. A. *Cognição, discurso e interação.* São Paulo: Contexto, 1992.

Variações sobre o mesmo prato

Aqui são sugeridas três atividades até certo ponto semelhantes, mas que, com a variação do ingrediente principal – o texto – acabam por ter, cada uma delas, um sabor muito próprio. São três músicas feitas por compositores muito diferentes, que lidam com estilos de músicas também diferentes e que têm em comum o fato de transparecerem situações comunicativas peculiares.

ATIVIDADE 1 – *Não compre, plante*

(material do aluno)

Não compre, plante

Planet Hemp

Se você sobe o morro pra buscar e leva porrada / se liga sangue-bom tem alguma coisa errada / não vem com 171 comigo não tem parada errada / o que eu tenho a lhe dizer eu falo cara a cara / você já pensou que o problema pode ser você falando sem se informar você vai se fudê / cê fala por falar mas nunca vai me convencer / cê pensa que eu fico louco por fumar uma erva, ela rompe as minhas barreiras me deixa com a mente aberta / quem é você pra falar do meu comportamento / cumpadi você não tem base nem conhecimento / o tráfico mata por dia mais ou menos uns seis / faça as contas mermão quantos morrem por mês / hoje eu vejo meus amigos de infância e penso: os que não estão na prisão tão dentro de um caixão / então saiba meu irmão por que não legalizam não / eles precisam que alguns virem ladrões / cumpadi não suba o morro se você não se garante como conseguir então? não compre, plante / não compre, plante.

(Não compre, plante: Marcelo D2, Planet Hemp. Não compre, plante. *Usuário*, 1995, Chaos/Sony Music, Faixa 1)

Leia a letra da música *Não compre, plante* do Planet Hemp e responda:

1. Quem está falando?
   Trace o perfil do enunciador: idade, classe social, naturalidade etc., apontando os elementos do texto que permitiram a você tirar essas conclusões.
2. Para quem ele está falando?
3. Com que objetivo?
4. Observe o uso que o autor faz do pronome *você*. Ele sempre se refere à mesma pessoa? Ou seja, o **você** está sempre sendo usado com o mesmo sentido?
5. Comente o uso do **cê** neste texto?
6. Quando o autor usa o pronome **eles**, a quem ele se refere?
7. Liste os argumentos que o autor usou no texto para atingir seus objetivos.
8. Transforme o texto em uma carta para o Presidente da República, usando os argumentos do texto para convencê-lo da legalização da maconha. Depois "envie" essa carta a um colega.
9. Leia a carta do seu colega e escreva uma carta em resposta à dele. Lembre-se de "enviar" essa resposta para o colega.

Não compre, plante

(material do professor)

Algumas das possíveis respostas para as perguntas propostas são:

1. *Quem está falando?*
   Trace o perfil do enunciador: idade, classe social, naturalidade etc., apontando os elementos do texto que permitiram a você tirar essas conclusões.
   Um adolescente, de classe baixa, provavelmente carioca.

2. *Para quem ele está falando?*
   Parece estar falando para uma autoridade ou alguém que é contra a legalização da maconha.

3. *Com que objetivo?*
   O objetivo dele é convencer essa pessoa a legalizar a maconha.

4. *Observe o uso que o autor faz do pronome você. Ele sempre se refere à mesma pessoa? Ou seja, o **você** está sempre sendo usado com o mesmo sentido?*
   O **você** pode ser o interlocutor ou todo mundo (impessoal).
   A forma "você" é analisada na gramática tradicional como um pronome de tratamento ou como um pronome de segunda pessoa, isto é, nós o utilizamos para nos dirigirmos à pessoa com quem estamos falando. Há, porém, um uso do pronome "você" no português brasileiro atual, amplamente aceito e empregado na linguagem coloquial. Observe o seguinte exemplo:

   (1) Para você conseguir um bom emprego, você tem que estudar muito.

   O "você" nesta na oração pode não ser interpretado como a segunda pessoa, isto é, como sendo a pessoa com quem se está conversando. Na realidade, esse "você" refere-se a qualquer pessoa, quer dizer, "para qualquer pessoa conseguir um bom emprego, essa pessoa tem de estudar muito". Esse uso do "você" é chamado de indeterminado. Na língua escrita formal, há outros recursos para exprimir indeterminação do sujeito. Por exemplo:

(2) Para se conseguir um bom emprego, é preciso estudar muito.

5. *Comente o uso do **cê** neste texto?*

   O **cê** é típico da linguagem oral e coloquial (informal) que o autor usa em todo o texto.

6. *Quando o autor usa o pronome **eles**, a quem ele se refere?*

   O pronome **eles** refere-se à polícia ou às autoridades.

7. *Liste os argumentos que o autor usou no texto para atingir seus objetivos.*

   Os argumentos usados por ele são:

   • A realidade dos usuários da maconha não é bem conhecida.

   • Usuários correm o risco de apanhar e de serem enganados ao ir comprar a droga.

   • A maconha não deixa o usuário louco, e sim com a mente livre.

   • O tráfico mata muita gente.

   • O tráfico é de interesse da polícia.

8. *Transforme o texto em uma carta para o Presidente da República, usando os argumentos do texto para convencê-lo da legalização da maconha. Depois "envie" essa carta a um colega.*

9. *Leia a carta do seu colega e escreva uma carta em resposta à dele. Lembre-se de "enviar" essa resposta para o colega.*

   8 e 9. Essas questões são sugestões para uma atividade de produção de texto. Os alunos deverão transformar o texto em uma carta para o Presidente da República, usando os argumentos apresentados nele para convencê-lo da legalização da maconha. O professor recolhe as cartas, embaralha-as e as redistribui ("envia")

entre os alunos. Cada um, no papel de Presidente da República, escreve uma carta em resposta à do colega.

Para escrever essa carta, os alunos, mesmo sendo contra o uso da maconha, têm de argumentar favoravelmente à legalização dela. O importante aqui é o texto e a retórica, e não as crenças de cada um. É um exercício de argumentação.

Essa atividade proporcionará, no entanto, uma boa oportunidade para a discussão sobre o uso de drogas, podendo, se for o caso, estimular uma campanha antidrogas pela turma, incluindo uma pesquisa sobre o que leva muitas pessoas ao vício, quais são as formas de tratamento de drogados, os tipos de vícios (aceitos socialmente, como o cigarro, a bebida alcoólica, o jogo, ou não); confecção de cartilhas com orientações, cartazes de conselhos ou advertência, entrevistas etc.

▶ Alguns comentários sobre o texto

O texto *Não compre, plante* é cheio de gírias, o que pode dificultar a sua compreensão, mas o importante é o aluno entender o "espírito da coisa", ou seja, quem está falando, para quem e com que intenção. Mais importante do que a resposta certa, é refletir sobre a língua.

Neste texto, os autores usaram um registro muito coloquial e informal, típico de jovens do morro carioca, para dar a sensação de uma fala espontânea, mas mesmo assim o texto não reproduz fielmente a nossa fala. É muito difícil ler transcrições de falas espontâneas, por isso, na escrita evitamos muitas das características da fala, como as repetições, hesitações, as frases truncadas, recursos fáticos (ex.: né, tá, entende) etc.

Podemos escolher muitas variantes do português para escrever nossos textos, pois o português não é só a variante padrão. É preciso, no entanto, ao escrever, ter o cuidado de fazer escolhas de palavras, de estruturas etc., adequadas ao registro, mais ou menos formal que está sendo usado. Se o texto é informal devemos usar recursos adequados à escrita informal. Não podemos misturar informal com formal. Fazer isso seria o mesmo que usar terno e sandálias havaianas.

Alguns alunos podem pensar que o enunciador está se dirigindo ao usuário de maconha, no entanto, parece que ele está se dirigindo a uma autoridade ou alguém que é contra a legalização da maconha. Ele faz isso de forma indireta, pois usa uma linguagem mais adequada aos jovens do morro. Dá a impressão de que ele está falando para os colegas, mas para alguma outra pessoa ouvir. Os integrantes do Planet Hemp procuram atingir as autoridades através das suas músicas que são destinadas a um público jovem.

> **Objetivos**

Fazer com que os leitores:
- Se conscientizem do papel das marcas textuais na construção do sentido.
- Identifiquem elementos do discurso.
- Desenvolvam a habilidade de ler nas entrelinhas.
- Identifiquem os argumentos apresentados no texto.

> **Avaliação**

A avaliação da leitura do texto *Não compre, plante* vai ser feita no decorrer da discussão das questões. Ao final dessa atividade, espera-se que o aluno tenha percebido elementos da situação discursiva, seu objetivo, e como a linguagem foi manipulada em função dele.

ATIVIDADE 2 – *Escurinha*

(material do aluno)

Escurinha

Escurinha tu tem que ser minha
De qualquer maneira
Te dou meu boteco
Te dou meu barraco

Que eu tenho
No Morro da Mangueira
Comigo não há embaraço
Vem que eu te faço, meu amor
A rainha da escola de samba
Que teu nego é diretor
Quatro paredes de barro
Telhado de zinco
Assoalho no chão
Só tu escurinha
É quem tá faltando
No meu barracão
Deixa disso bobinha
Só nessa vidinha levando a pior
Vem comigo
Eu te levo pro samba
Te ensino a ser bamba
Te faço a maior
Escurinha vem cá

(Geraldo Pereira e Arnaldo Passos, no disco *Valsa Brasileira*, gravado por Zizi Possi, 1994, Velas, Faixa 6)

Leia a letra da música *Escurinha* e responda:

1. Quem está falando para quem? Trace o perfil das personagens: idade, classe social, naturalidade, profissão, valores, ambições, apontando os elementos do texto que permitiram a você tirar essas conclusões.
2. O que o personagem propõe para a Escurinha?
3. Que argumentos ele usa para convencê-la?
4. Na sua opinião, ela deve aceitar a proposta? Por quê?
5. Como você entende os versos "Deixa disso bobinha / Só nessa vidinha levando a pior"?
6. Comente a linguagem usada pelo personagem.

7. Considerando a proposta feita pelo personagem e os argumentos por ele usados, o que podemos dizer em relação ao papel da mulher na sociedade que ele tem em mente?
8. Como seria uma proposta semelhante feita por
   - um adolescente de família rica à sua paquera igualmente rica?
   - uma mulher de classe média ao seu pretendente?
   - um internauta à sua namorada virtual?
   - um dono de churrascaria à sua namorada vegetariana?
   - você à sua (seu) namorada(o)?

   Escolha uma dessas situações (ou proponha outra), escreva seu texto e envie para um(a) colega.
9. O colega deve ler o texto, assumindo o papel do destinatário e respondê-lo. A resposta deve ser enviada ao colega.
10. Feito isso, discuta com seus colegas a pertinência da linguagem e da argumentação das cartas e das respostas.

Escurinha

(material do professor)

Algumas das possíveis respostas para as perguntas propostas são:

1. *Quem está falando para quem? Trace o perfil das personagens: idade, classe social, naturalidade, profissão, valores, ambições, apontando os elementos do texto que permitiram a você tirar essas conclusões.*

   Um homem adulto (um "nego", como se autodenomina), carioca, morador do Morro da Mangueira, sambista, de classe baixa, de vida humilde, de poucas posses (barracão), mas ambicioso em suas aspirações (possui um barracão com paredes de barro, teto de zinco e assoalho de chão), diz que é diretor de uma escola de samba, ("a rainha da escola de samba que teu nego é diretor") e dono de boteco ("te dou meu boteco") e que fará da escurinha "a maior". Ele se dirige a uma morena, mulata (a "Escurinha"), provavelmente também moradora do morro.

2. *O que o personagem propõe para a Escurinha?*
Ele está pedindo para ela ir morar com ele.

3. **Que argumentos ele usa para convencê-la?**
Ele lhe oferece bens, como o boteco e um bom barraco, além de prometer a ela uma vida melhor.

4. *Na sua opinião, ela deve aceitar a proposta? Por quê?*
Resposta pessoal. Cada aluno deve apresentar sua opinião e argumentar em favor dela.

5. *Como você entende os versos "Deixa disso bobinha / Só nessa vidinha levando a pior"?*
O homem está oferecendo a ela uma vida melhor, porque ela parece ter uma vida difícil e sem luxos. Ele pede à Escurinha que aceite logo sua proposta, que não fique na mesma vidinha, passando por necessidades e deixando de aproveitar bons momentos da vida. Desses versos, podemos imaginar que, aceitando o convite dele, ela estaria deixando de ser 'bobinha', ou melhor, seria 'espertinha' e faria uma boa escolha.

6. *Comente a linguagem usada pelo personagem.*
Ele usa uma linguagem informal, com regionalismos e expressões coloquiais (tu tem, nego, boteco, barraco, levando a pior; redução do verbo "estar" ("tá"); começa frases com pronome oblíquo ("te dou meu boteco / te dou meu barraco"), usa o diminutivo "escurinha", "bobinha", em algumas palavras, provavelmente para soar carinhoso e em "vidinha" para enfatizar que a vida da moça é simples, sem graça).

7. *Considerando a proposta feita pelo personagem e os argumentos por ele usados, o que podemos dizer em relação ao papel da mulher na sociedade que ele tem em mente?*
A mulher parece ser sempre alguém que precisa de um homem para conseguir ter uma vida melhor. Considerando os

argumentos que ele utiliza, parece que a mulher se interessa pelo homem que lhe oferecer mais bens materiais e mais sucesso. Ele utiliza seu poder de diretor de escola de samba, dono de boteco e de barracão para seduzir a "escurinha", como se a mulher só fosse seduzida e só se interessasse pelos homens que podem oferecer dinheiro. Ele parece acreditar que a mulher exerce um papel secundário na sociedade; está subordinada ao homem e depende dele para se sustentar e ser feliz.

8. *Como seria uma proposta semelhante feita por*
   - um adolescente de família rica à sua paquera igualmente rica?
   - uma mulher de classe média ao seu pretendente?
   - um internauta à sua namorada virtual?
   - um dono de churrascaria à sua namorada vegetariana?
   - você à sua namorada(o)?
   Escolha uma dessas situações (ou proponha outra), escreva seu texto e envie para um(a) colega.

   As respostas a esta questão serão variadas, tendo em vista a quem a proposta se dirige.

9. *O colega deve ler o texto assumindo o papel do destinatário e respondê-lo. A resposta deve ser enviada ao colega.*

   A resposta deverá ser adequada à situação apresentada na carta recebida pelo aluno.

10. *Feito isso, discuta com seus colegas a pertinência da linguagem e da argumentação das cartas e das respostas.*

    – Este é um ótimo momento para discutir a questão do que é "certo" e "errado" quando se trata de língua em uso.

    – É mais pertinente adotar uma postura que avalie a adequação da linguagem usada em cada situação.

▸ **Observação**

Esta música, composta por Geraldo Pereira e Arnaldo Passos, foi gravada por Zizi Possi no disco *Valsa Brasileira* (Manaus:

Velas, 1994). Uma sugestão é que alguma versão dela seja ouvida pelos alunos.

▶ **Objetivos**

Fazer com que os alunos:

- Identifiquem elementos do discurso, como: quem está falando, para quem e com que intenções.
- Identifiquem os argumentos apresentados no texto.
- Atentem para aspectos ideológicos que há por trás das falas das personagens.
- Manipulem o discurso a fim de produzir textos adequados a várias situações, tanto no que diz respeito a sua forma quanto ao seu conteúdo.

▶ **Avaliação**

A avaliação da leitura da música *Escurinha* vai ser verificada no decorrer da discussão das questões. Ao final dessa atividade, espera-se que o aluno tenha percebido elementos da situação discursiva, a forma de argumentação usada, bem como os aspectos ideológicos do papel do homem, tido como a pessoa economicamente ativa da família, e o papel da mulher, tida como alguém que depende dele para ter uma vida melhor.

ATIVIDADE 3 – *Glória (Junkie Bacana)*

(material do aluno)

Você certamente tem vizinhos.

Qual a sua relação com eles?

Conte para seus colegas como eles são, como se comportam, o que fazem etc.

Tem algum caso interessante para contar sobre eles ou algo que tenha acontecido entre vocês? Converse com seus colegas sobre isso.

Agora leia o texto:

Glória (Junkie Bacana)

Lobão - Cazuza
http://www.uol.com.br/lobao/c03.htm

Meu caro vizinho, eu sou um cara legal
Meu telefone é 4777 etc. e tal...
Ontem à noite exagerei no barulho
Eu peço que me desculpe
Eu sei que é demais mijar na janela
Chamando por Deus e gritando o nome dela
Todo grande amor incomoda
E o mundo inteiro tem que saber
Ela errou, eu errei, então eu declarei guerra
Paz na Terra só pra quem tem coragem
Quem perde no amor sempre faz papel de covarde
Faz bobagem, faz bobagem
Meu caro vizinho, não me leve a mal
Depois que eu fiquei sozinho dei pra beber
Bem além do normal
E a fazer coisas meio sem sentido, meio sem sentido
E é desse jeito que eu tenho vivido
Não leve a mal um cara assim tão a perigo
E no mais um abraço, meu prezado amigo

(*Glória (Junkie Bacana)*): Lobão e Bernardo Vilhena.
Glória (Junkie Bacana). *O rock errou*, 1986, RCA, Faixa 10.
(http://www.uol.com.br/lobao/c03.htm)

Depois de ler a letra da música *Glória*, responda:
1. Quem está falando para quem nesse texto?
2. Qual o objetivo da pessoa que fala no texto?
3. O que aconteceu com ela?
   Que elementos do texto te levaram a essa conclusão?

4. Como essa pessoa está se sentido?
5. Por que a música tem esse nome?
6. Você concorda com ele que "Quem perde no amor sempre faz papel de covarde/Faz bobagem, faz bobagem"? Você e seus colegas vão conversar sobre isso, discutindo as diferentes opiniões, argumentando a favor ou contra cada uma delas e apresentando exemplos que sustentem os diferentes pontos de vista.
7. Você é o vizinho desse rapaz. Faça um documento para o síndico do prédio relatando o acontecido e (1) pedindo para que ele tome providências para que você não seja mais incomodado pelo vizinho **ou** (2) pedindo ao síndico que releve as atitudes do vizinho. Seja qual for a sua escolha, apresente os motivos que provocaram as atitudes do vizinho e argumente a favor do pedido que você está fazendo.

Glória (Junkie Bacana)

(material do professor)

Primeiro, deixe seus alunos, em grupos, trocarem ideias sobre os vizinhos, livre e divertidamente. Depois de algum tempo, peça aos grupos para fazerem um resumo da conversa e contarem os casos mais interessantes que apareceram. Tudo isso deve ser feito descontraidamente para que o exercício da oralidade seja sempre visto como natural e não como um desafio. Incentive os alunos mais tímidos a falar para os colegas.

Acreditamos que algumas respostas prováveis para as perguntas propostas são as que apresentamos abaixo, mas deixe seus alunos mostrarem como interpretaram o texto, e, no caso de você achar que uma interpretação não é aceitável, peça ao aluno para te mostrar os elementos do texto que o conduziram a essa leitura. Junto com a turma, pondere sobre a pertinência dessa resposta. Lembre-se de que um texto permite várias interpretações, mas nem toda interpretação é 'autorizada' pelo texto.

1. *Quem está falando para quem nesse texto?*

   Um vizinho relativamente jovem conversa com outro não necessariamente da mesma idade.

2. *Qual o objetivo da pessoa que fala no texto?*

   Ele está pedindo desculpas para as atitudes pouco sensatas que tem tido e explica ao vizinho porque tem agido dessa forma.

3. *O que aconteceu com ela? Que elementos do texto te levaram a essa conclusão?*

   A personagem teve uma desilusão amorosa, perdeu seu grande amor e sofre por isso.

   Para comprovar isso o aluno pode lançar mão dos seguintes versos:

   "Todo grande amor incomoda"

   "Ela errou, eu errei, então eu declarei guerra"

   "Quem perde no amor sempre faz papel de covarde / Faz bobagem, faz bobagem"

   "Depois que eu fiquei sozinho dei pra beber/ Bem além do normal"

4. *Como essa pessoa está se sentido?*

   A personagem está 'na fossa', 'com dor de cotovelo'. Está revoltada e inconformada com a situação. Perdeu o controle de si mesmo.

5. *Por que a música tem esse nome?*

   Glória deve ser o nome da amada e Junkie Bacana pode ser um apelido dela. Para ter certeza, só perguntando ao Lobão.

6. *Você concorda com ele que "Quem perde no amor sempre faz papel de covarde/Faz bobagem, faz bobagem"? Você e seus colegas vão conversar sobre isso, discutindo as diferentes opiniões, argumentando a favor ou contra cada uma delas e apresentando exemplos que sustentem os diferentes pontos de vista.*

   O propósito dessa questão é deixar os alunos conversarem, apresentarem seus pontos de vistas e os argumentos para sustentá-los. É uma boa oportunidade para que eles troquem ideias sobre experiências amorosas suas, de amigos, parentes, personagens de filmes ou livros ou criem situações pertinentes.

7. *Você é o vizinho desse rapaz. Faça um documento para o síndico do prédio relatando o acontecido e (1) pedindo para que ele tome providências para que você não seja mais incomodado pelo vizinho **ou** (2) pedindo ao síndico que releve as atitudes do vizinho. Seja qual for a sua escolha, apresente os motivos que provocaram as atitudes do vizinho e argumente a favor do seu pedido.*

Seria interessante fazer uma 'reunião de condomínio', pedindo aos alunos para discutir as cartas apresentadas pelos condôminos, para que cheguem a um consenso sobre a atitude que o síndico deverá tomar em relação ao vizinho apaixonado.

O professor pode aproveitar esta situação para discutir com os alunos o respeito ao espaço do próximo, seja ele vizinho, colega, irmão, conterrâneo, compatriota etc. Pode também mostrar os procedimentos de uma reunião de condomínio e os documentos que são produzidos nessa situação, como convocação da reunião, pauta e ata.

▶ Alguns comentários sobre o texto

Esta música foi gravada pelo Lobão no disco *O roque errou*. Sugerimos, caso seja possível, que a música seja ouvida pelos alunos ou que o *site* do Lobão seja visitado e os alunos conheçam outras letras desse compositor e leiam entrevistas dele. Como o Lobão é um artista polêmico e crítico de nossa sociedade, tanto o professor como os alunos poderão encontrar materiais que vão render discussões muito calorosas e do interesse de todos.

▶ Objetivos

Fazer com que os alunos:
- Identifiquem elementos do discurso como: quem está falando, para quem e quais são suas intenções.

- Recuperem informações implícitas e dedutíveis.
- Discutam as atitudes da personagem posicionando-se em relação a elas.
- Relacionem o texto com suas vivências.

▶ **Avaliação**

Essa atividade será avaliada durante as discussões feitas pelos alunos. Interpretações destoantes deverão ter sua pertinência analisada e julgada pela turma, de forma a permitir a convivência das diferenças, sem, contudo, deixar passar a ideia equivocada de que qualquer sentido construído para o texto é permitido e desejado.

A participação de cada aluno nas discussões deverá ser atentamente observada pelo professor a fim de que ele possa identificar as principais dificuldades de cada um, e do grupo como um todo, para que possa preparar atividades que estimulem o exercício desses pontos mais especificamente.

Ao final do trabalho com esse texto, espera-se que os alunos tenham exercitado sua capacidade argumentativa bem como suas habilidades de analisar diferentes pontos de vistas e se posicionar em relação a eles. Caso isso tenha ocorrido, a tarefa terá cumprido seus objetivos primordiais.

Sobremesas

Como sobremesa – para alguns a parte mais saborosa das refeições – oferecemos sugestões, entre inúmeras outras, para o uso do computador na aula de português. Ao contrário do que muita gente pensa, as sobremesas não precisam ser necessariamente servidas após as refeições. É tão bom comer um docinho fora de hora, e há inclusive quem goste de começar a refeição por essa parte. Há ainda quem prefira ficar somente com ela (quem pode, pode!). Minha mãe ficava brava com a gente (eu e meus irmãos) porque já sentávamos à mesa perguntando se haveria sobremesa, mas ela, esperta como toda mãe, aproveitava esse desejo para fazer com que comêssemos os pratos (sempre deliciosos e vitaminados), que ela preparava.

As atividades usando o computador foram reservadas para esta seção porque ele é adorado e desejado pelos alunos, é delicioso e não impõe limites para a criatividade dos aprendizes e *maitres* de nossa cozinha. Apesar disso, ninguém vai morrer de fome na falta dele. No entanto, o ideal é que todos possam saboreá-lo. Por que não? Como disseram os Titãs: "A gente não quer só comida", não é mesmo?

> Muitos estudantes não têm acesso à informática em casa e, portanto, cabe à escola dar a eles não só o prazer de saborear essa delícia, mas também a capacitação para utilizar recursos básicos do computador que vão contribuir para sua atuação numa sociedade que, cada dia mais, exige dele essa competência. Além disso, a Internet é uma fonte inesgotável de informação e nenhum aluno deveria ser privado do acesso a ela.

▸ Objetivos

Este conjunto de atividades usando o computador desenvolverá nos alunos algumas habilidades que podemos resumir nos seguintes objetivos:

- Conhecer e praticar os passos da produção de texto: da criação até a publicação (pauta, produção, revisão, edição, formatação, programação visual).
- Lidar com a leitura e a produção de diversos gêneros textuais.
- Desenvolver estratégias de busca de informação na Internet.
- Selecionar informações relevantes a um determinado objetivo.
- Ler e produzir hipertextos (textos hipermidiáticos).
- Conhecer, criar e manter *homepages*.

- **Hiperlink** - Nome que se dá às imagens ou palavras que dão acesso a outros conteúdos em um documento hipertexto. O hiperlink pode levar a outra parte do mesmo documento ou a outros documentos. Também é usada a palavra link.
- **Hipermídia** - A definição formal de hipermídia une os conceitos de hipertexto e multimídia. Ou seja, um documento hipermídia contém imagens, sons, textos e vídeos, como qualquer outro título multimídia. Além disso, usa ligações de hipertextos para permitir que o usuário salte de um trecho para outro do documento ou até mesmo para outro documento diferente.
- **Hipertexto** - Documento capaz de incluir em seu conteúdo ligações com outras partes do mesmo documento ou documentos diferentes.

As ligações normalmente são indicadas por meio de uma imagem ou texto em uma cor diferente ou sublinhado. Ao clicar na ligação, o usuário é levado até o texto ligado.

- **Homepage** - Página inicial de um *site* da Web. Referenciado por um endereço eletrônico ou hiperlinks. É a página de apresentação da empresa ou instituição. Escrita em HTML, pode conter textos, imagens, sons, links para outras páginas ou outros servidores da Internet etc.
- **Site** - No mundo virtual, é um endereço cuja porta de entrada é sempre a sua *homepage*. Um *site* básico e interessante para os aprendizes da Internet é o AISA – Aprenda a Internet Sozinho Agora: http://www.aisa.com.br/index.html

(Verbetes encontrados no Net Glossário (http://www.pib.com.br/ - acessado em fevereiro de 2002)

No Net Glossário são encontrados muitos outros termos da informática com definições acessíveis aos leigos)

ATIVIDADE 1 – *Sugestões do chef*

1. Uma boa pedida é fazer o *site* da escola ou da turma na Internet. *Site* é uma página ou conjunto de páginas da Internet. Nesse *site* cada aluno teria seu espaço para se apresentar, falar de sua vida, seus hobbies etc.; cada turma apresentaria suas descobertas, seus trabalhos, suas pesquisas, seus jornais, seus poemas, músicas, entre outras produções artísticas, exporia o calendário de eventos da escola, inclusive os eventos esportivos com direito a crônicas esportivas, tabelas, placares, prêmios, discussões, debates e tudo mais. Esse *site* seria constantemente atualizado pelos alunos. Há muitos *sites* como o yahoo, msn, geocities, entre outros, que ensinam a fazer *sites*. É muito fácil. Experimente!

2. Outra sugestão é usar a Internet e CD Roms para fazer pesquisas. Os alunos podem pesquisar sobre assuntos relacionados a um tema que a turma escolher, por exemplo, esportes. Cada grupo de alunos pesquisa um esporte

diferente ou jogadores de um mesmo esporte. Podem também pesquisar diferentes aspectos do mesmo esporte como regras, jogadores, campeões e campeonatos, história etc. Feita a pesquisa, os alunos vão fazer relatórios e apresentar para a turma. As informações colhidas e reescritas pelos alunos podem ser usadas na produção de um mural, um livro ou serem colocadas no *site* da escola. O mesmo pode ser feito em relação a qualquer outro assunto do interesse da turma.

Na procura de informações, o melhor a fazer é usar um bom mecanismo de busca como:

- www.yahoo.com
- www.cade.com.br
- www.google.com

3. Há muitas revistas e jornais que resenham *sites* apresentando-os como interessantes, exóticos, úteis, inúteis, racistas, entre outros. É interessante discutir essas resenhas com os alunos e depois pedir a eles que selecionem alguns *sites* para resenhar. O material produzido deve ser publicado no *site* da turma.

4. Os alunos podem também fazer visitas a museus e exposições virtuais como a Bienal de São Paulo (*http://www. uol.-com.br/bienal/24bienal*). Cada grupo de alunos receberia, nesse caso, a incumbência de pesquisar sobre um determinado autor ou arte de um país e apresentar sua pesquisa para os colegas. O *site* do Itaú também é "massa de biscoito fino". Vale a pena visitar! (*http://www.itaucultural. com.br/*).

5. Fazer o jornal da turma usando o editor de texto (Word) também é uma ótima atividade para as aulas de português. Esse jornal poderia conter notícias de economia, fofocas sobre os colegas, horóscopo, artigos feitos a partir das pesquisas dos alunos etc. O editor de texto facilita a confecção do jornal, pois dispõe de inúmeros recursos que os alunos podem usar para fazer seu jornal parecer um jornal de verdade. Entre esses recursos podemos citar os diferentes tipos e tamanhos de letras, a possibilidade de trabalhar com colunas, a facilidade de inserir imagens, sem

falar nos recursos de paginação, paragrafação, correção ortográfica, e na facilidade de modificar o texto sempre que isso for necessário. O jornal nem precisa ser impresso, pode ir direto para a web.

Antes de fazer o jornal, no entanto, os alunos devem se acostumar com esse suporte, explorando os recursos linguísticos usados nele, os gêneros textuais encontrados em cada caderno e a linguagem utilizada em cada um deles. As características das manchetes, dos subtítulos, das fotos etc.[1] também devem ser discutidas.

Outra ideia é comparar a linguagem e os recursos usados pelos jornais na Internet com aqueles usados em jornais impressos, em telejornais ou em jornais transmitidos por emissoras de rádio. Pode-se mesmo comparar a linguagem usada por cada um desses veículos através da Internet, comparando, por exemplo, o *site* do Jornal Hoje com o da CBN. Seria importante que os alunos tivessem a oportunidade de criar também um jornal virtual, explorando os recursos da hipermídia.

6. Muitas atividades podem ser feitas em forma de jogos, como por exemplo, o caso de o professor dar o nome de um quadro aos grupos de alunos, que devem encontrar na Internet o máximo de informações possíveis a respeito daquele quadro e do seu pintor, num espaço de tempo estipulado. O grupo que encontrar mais informações será o vencedor. Depois, cada grupo apresenta para os colegas as informações que conseguiu encontrar. Uma variação dessa atividade é trabalhar com quadros diferentes do mesmo artista ou de um artista diferente para cada grupo. Um pouco mais difícil, porém mais emocionante, é dar aos alunos algumas palavras que eles provavelmente não conheçam, para que procurem, na Internet, informações que permitam explicar a relação entre elas. Por exemplo: Guernica, Paloma, Dora Maar. Com elas, os alunos devem chegar

---

[1] Para quem quer entender melhor o jornal sugiro a leitura de:
FARIA, M. A. *Como usar o jornal na sala de aula*. São Paulo: Contexto, 1996.
FARIA, M. A. *O jornal na sala de aula*. São Paulo: Contexto, 1991.

ao grande mestre Picasso. Para que a aula fique ainda mais rica, o professor pode dividir a sala em grupos e dar um conjunto de palavras como esse para cada grupo, que, depois de descobrir a relação entre elas, deverá apresentar o artista e algumas de suas obras para os colegas dos outros grupos.

7. Explorar o *e-mail* também pode oferecer oportunidades muito interessantes para o uso e reflexão sobre a nossa língua, a começar pelo estudo e pela discussão a respeito desse novo gênero textual e das etiquetas da Net, que podem ser encontradas em provedores de acesso à Internet.

Etiqueta de Rede

O correio eletrônico desenvolveu regras de etiqueta especiais para cobrir as novas situações que surgem quando as pessoas se comunicam através de uma rede. Vamos detalhar as mais importantes.

Em primeiro lugar as pessoas que se ligam na rede geralmente tem pouco tempo para gastar formatando suas mensagens com maior cuidado, uma vez que está com o computador em linha e o "taxímetro" está correndo. (Se você realmente precisa fazer uma formatação mais complicada, ou redigir uma carta maior, é melhor escrevê-la "offline" (desconectado) num processador de texto (aconselhamos o TeachText ou SimpleText, para Macintosh, e o Notepad ou Write, Word para Windows) e depois copiar e colar o corpo da mensagem. Portanto não se ofenda se a mensagem que receber parecer brusca demais para os padrões convencionais. Do mesmo modo, é comum omitir saudações ("Prezado amigo") e fórmulas concludentes ("Sem mais, subscrevemo-nos...") e até mesmo a assinatura, porque seu nome já aparece no cabeçalho.

O grande volume de mensagens numa rede e a necessidade de melhorar a comunicação criou várias convenções tipográficas importantes. Uma muito importante é que só se deve usar letras maiúsculas para enfatizar alguma palavra importante. Muitos novatos acham que computadores devem se comunicar APENAS EM LETRAS MAIÚSCULAS porque viram isto na televisão. Se você mandar uma mensagem toda escrita deste modo a um usuário mais experiente, ele provavelmente só vai responder "NÃO GRITE COMIGO!" e de resto ignorar o conteúdo da sua mensagem.

Outra convenção muito usada é de, no início ou em pontos estratégicos de uma resposta a uma mensagem anterior, citar pequenos trechos da mensagem original, para citar um trecho de uma mensagem que está sendo respondida, selecione o trecho desejado antes de criar mensagem de resposta. Ao criar a mensagem ela conterá o trecho selecionado destacado como citação.

Como a comunicação por texto é limitada a palavras, muitos gostam de usar símbolos chamados *"smileys"* ou *"emoticons"* para indicar o contexto emocional do que estão escrevendo. Por exemplo, se você está escrevendo algo que "ao vivo" acompanharia de um sorriso para não ofender o outro, inclua no final da sentença um :-). Gire a cabeça 90° para a esquerda para decodificar um *"smiley"*. Os mais usados são :

:-) sorriso, brincadeira

:-(tristeza

;-) piscadela

X-P desgosto, nojo

:-| neutro, não me comprometa

:-O gritando, voz alta

8-) sorriso (autor usa óculos)

e muitos outros. Há livros inteiros com *"smileys"* especiais.

Abreviações também são bem comuns em conferências (menos em correspondência particular) e geralmente são tiradas de frases em inglês. As mais usadas são :

IMHO (In My Humble Opinion) – na minha humilde opinião
BTW (By The Way) – por falar nisso
ROTFL (Rolling On The Floor Laughing) – rolando de rir
RTFM (Read The !@#$% Manual) – leia a *&^%$ do manual!
MOTOS (Member Of The Opposite Sex) – membro do sexo oposto
MOTTS (Member Of The Same Sex) – membro do mesmo sexo
TIA (Thanks In Advance) – agradecimentos adiantados e muitas outras.

Finalmente há algumas observações importantíssimas sobre o conteúdo das mensagens. É considerado de extremo mau gosto o envio de propagandas, "correntes" ou cartas-circulares não solicitadas, especialmente para pessoas que você não conhece. Em certos casos (por exemplo, na Internet) o envio de uma mensagem deste tipo praticamente garante que você irá receber milhões (às vezes, literalmente!) de mensagens iradas dos destinatários. Como isto tende a congestionar qualquer servidor com mensagens desnecessárias, a maioria das redes considera o envio de tais mensagens como motivo suficiente para a exclusão imediata do usuário delinquente. Portanto, se você está animado a imediatamente mandar uma circular para todo mundo elogiando o seu produto ou a sua empresa, não faça isto – coloque a carta numa conferência pública adequada (por exemplo "Classificados") e quem quiser ler a mensagem, vai ler.

Como você deduziu do parágrafo anterior, a comunidade de uma rede geralmente é fácil de irritar (ou pelo menos parece). Na verdade, praticamente tudo que você publicar vai ofender alguém em alguma parte, e quanto mais fácil de ofender o outro é, maior pressa terá em responder-lhe de cabeça quente para dizer exatamente como despreza não só sua contribuição mas como sua pessoa e tudo o mais. Uma mensagem deste tipo chama-se *"flame"* (chama). Não caia na asneira de responder de cabeça igualmente quente, começando uma *"Flame War"* (guerra de chamas). Estas discussões podem-se prolongar indefinidamente sem muito proveito, e para grande desconforto dos outros (se for conduzida numa conferência pública). Um tipo especial de guerra é a *"Spelling War"* que começa quando alguém (geralmente com a melhor das intenções) resolve corrigir a ortografia de um outro. Lembre-se que a maioria das mensagens é teclada às pressas, sem revisão, e que ortografia não é o forte da maioria das pessoas (sem mensagens, por favor!).

O imediatismo das mensagens eletrônicas muitas vezes pode levar o usuário desavisado ou impulsivo a publicar textos e respostas apressadas ou impensadas. Lembre-se que são todos seres humanos do outro lado da linha, e que a única característica que os outros tem para distinguir sua idade, aparência física, religião, princípios morais, educação ou escolaridade é as mensagens que você publica. Este é o grande fator democratizante das redes; não o desperdice com bobagens.

(*www.metalink.com.br*, acessado em jan./1998)

Usando esse tipo de correio, os alunos podem manter correspondência com alunos de outras escolas, além de poderem mandar perguntas e comentários aos autores vivos de livros e textos que eles leram ou estão discutindo. Os alunos podem também enviar comentários, críticas e sugestões para jornais da imprensa escrita ou falada através do correio eletrônico. Os *sites* normalmente incentivam a participação dos visitantes, pedindo que eles mandem alguma sugestão, contribuam com informações relevantes aos assuntos das páginas, com críticas etc., e o professor de português não pode deixar seus alunos perderem essas oportunidades reais de interação e uso da linguagem. No *site* do *Jornal Hoje* (www.redeglobo.com.br), por exemplo, na seção intitulada "Participe do JH", há uma atividade pronta, esperando pelos alunos para ser realizada. Por que não pedir a eles para escrever *e-mails* e depois fazer com que os alunos selecionem um (ou mais) para enviar para o Jornal? E por que não enviá-los de verdade?

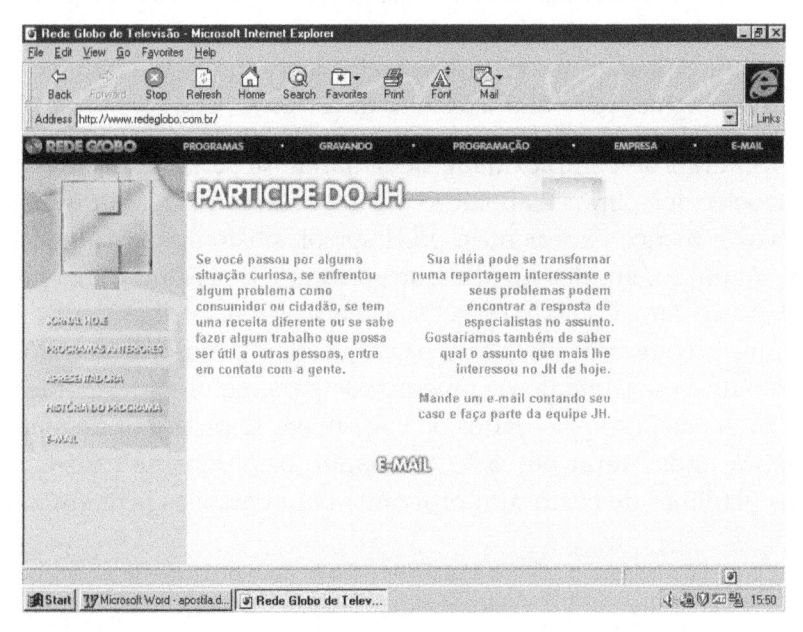

É importante lembrar que durante a realização dessas atividades professores e alunos deverão estar atentos à adequação e ao bom emprego dos elementos linguísticos que estão sendo usados, como por exemplo, os elementos coesivos, a seleção lexical, a estruturação dos períodos, a organização do texto, entre outros.

> **Mais atividades usando a Internet**[2]

Aqui estão apresentadas de forma mais específica algumas ideias de como usar a Intenet na aula de português.

ATIVIDADE 2 – *Viagem internacional*

Proponha uma viagem internacional para seus alunos. Para evitar problemas com a língua, uma boa ideia é ir a Portugal. Proponha a seguinte tarefa:

> Você ganhou uma passagem para Portugal e tem R$ 4.000,00 reais para gastar lá. Consultando a Internet, prepare o roteiro, as cidades pelas quais você vai passar, os hotéis onde você vai se hospedar, os restaurantes onde vai comer, os lugares que vai visitar, as atividades que vai fazer etc. Inclua no seu roteiro, a planilha de custos.

O grau de complexidade dessa tarefa depende dos critérios estabelecidos para a elaboração dos roteiros. Para os alunos mais novos e menos experientes, pode ser proposto apenas que eles façam um roteiro dos lugares que gostariam de visitar, sem a preocupação com a planilha de custos. Para os mais velhos, o ideal é cobrar a conversão de Reais para Euros, o cálculo do tempo e custo do deslocamento de uma cidade para a outra, a elaboração de uma tabela com os dados da viagem etc. O professor de matemática pode entrar em ação auxiliando os alunos na confecção das planilhas de custo (um programa bom para eles fazerem isso

---

[2] Estas atividades foram criadas juntamente com alunos do curso de especialização *lato sensu* do Uni-BH. A eles agradeço muito a contribuição.

é o Excel). Se for possível, peça aos alunos que ilustrem a proposta de roteiro com imagens encontradas nos *sites*.

Se o professor não quiser gastar muito tempo nessa atividade, basta entregar uma tabela para os alunos com os campos que eles devem preencher. Além disso, pode sugerir alguns *sites* onde eles encontrarão as informações mais rapidamente.
Ex:

Plano	Detalhamento	Custo (aproximado)
Partida		
Chegada		
Cidades visitadas e locais de hospedagem		
Locais visitados		
Restaurantes		
Outras atividades		
...		
		Total em Euros:
		Total em Reais:

Cada grupo deve apresentar seu roteiro de viagem para os colegas, justificando as escolhas. Ao final, os alunos podem votar no melhor roteiro, ou no roteiro mais criativo, no mais econômico, no que apresenta melhor relação custo/benefício, no mais divertido, no mais relaxante, entre outras categorias. Podem-se considerar também a coerência das informações, a viabilidade do roteiro e a organização na apresentação dos dados.

▸ Objetivos

Com essa atividade, você está desenvolvendo nos seus alunos a capacidade de ler para encontrar informações específicas, contrastando informações de diferentes fontes, e tomando decisões com vistas a atender um propósito definido. Desenvolve, também, a habilidade de organizar as informações e de fazer planejamentos, sem mencionar as habilidades matemáticas, geográficas, artísticas, culturais, entre outras.

ATIVIDADE 3 – *Contando piadas*

Que tal uma aula bem engraçada? Ponha seus alunos para contar piadas!

Comece a aula com uma boa seção de piadas. Peça aos alunos para contar piadas ou casos engraçados.

Depois dê a eles a seguinte instrução:

> Vocês têm 15 minutos para encontrar piadas na Internet. Depois desse tempo, o seu grupo vai contar a melhor piada que encontrou para a turma. A melhor de todas as piadas ganhará um prêmio.

As melhores piadas devem ser expostas na sala ou nos corredores da escola para que outras pessoas possam se divertir com elas. Outra sugestão é que os alunos montem um livrinho (ou *web page*) com as piadas que gostam, organizando-as por temas (ex.: piadas de português, de criança, de bêbado, racista etc.).

Antes da exposição das piadas, no entanto, os alunos devem fazer uma análise linguística delas. Considerando o que elas têm em comum (romper com o esperado, fazer jogo com as palavras, brincar com estereótipos), devem analisar o(s) elemento(s) que provocam o riso.

Uma característica muito comum nas piadas é o fato de elas serem precedidas por uma frase explicitando o contexto, por exemplo: "essa é de português", "Joãozinho estava na escola", "tinha um moço lá na roça". Feita a contextualização, a piada é contada. É interessante discutir com os alunos a importância dessa contextualização para o desenvolvimento da piada. Há também muitas que começam com perguntas, que formam um tipo de piada que geralmente se compõe de uma pergunta e uma resposta (Ex.: *Por que loira não senta na janela do avião? Para não atrapalhar o cabelo*).

▸ **Objetivos**

Os alunos devem ser levados a descobrir que a maioria das piadas não tem autor; que muitas lançam mão da ambiguidade, usam a intertextualidade, realizam um trabalho, às vezes complexo, com a linguagem, os temas são socialmente controversos, são veículo de um discurso proibido, costumam operar com estereótipos e, muitas vezes, são preconceituosas etc.

O professor deve também ajudar os alunos a perceber os processos linguísticos presentes nas piadas – que podem estar no nível fonológico, morfológico, lexical, sintático – que elas exigem que o leitor faça inferências, que exploram a variação linguística e a necessidade que elas têm de uma contextualização. Para quem tem dúvida sobre como esses elementos aparecem nas piadas, uma boa, divertida, mas séria sugestão de leitura é o livro *Os humores da língua*, em que Sírio Possenti analisa várias piadas com muita clareza e objetividade.

É interessante que os alunos percebam que o humor não existe só nas piadas, mas em outros gêneros textuais como as crônicas, as paródias, as charges, as propagandas, o cinema etc. Caso seja possível, o professor deve estender essa atividade a esses outros gêneros, analisando também a forte relação entre humor e ideologia, se julgar pertinente.

▸ **Sugestão de leitura para o professor**

POSSENTI, Sírio. *Os humores da língua: análises lingüísticas de piadas*. Campinas: Mercado das Letras, 1998.

ATIVIDADE 4 – *Charges*

Que tal usar charges nas aulas de português? Aproveite para analisar com os alunos como os fatores extralinguísticos e a linguagem não verbal influenciam na recepção desse gênero textual.

Textos primordialmente não verbais podem ser ótimos estímulos para desenvolver habilidades de leitura, como a produção de inferências, a consideração da situação de comunicação, a percepção da ironia, e a dedução dos prováveis objetivos do autor.

Converse com seus alunos sobre charges, mostre algumas para eles, discuta o que representam e o propósito delas. Não entre em muitos detalhes, pois isso será tarefas dos alunos.

Feito isso[3], dê a eles a seguinte instrução:

> Vocês vão procurar charges na Internet e vão selecionar duas que entenderam e duas que não conseguiram compreender. Descubram por que isso acontece, ou seja, por que vocês entendem algumas charges e não entendem outras.

Os grupos devem apresentar as charges para os colegas, bem como explicar as que compreenderam e as que não compreenderam. A turma deverá levantar suas conclusões a respeito do conhecimento necessário para a compreensão de charges e os fatores que podem levar à não compreensão delas. Esse trabalho pode resultar em um conjunto de "dicas para quem quer entender uma charge"; ou em pequenos textos explicativos escritos para acompanhar as charges encontradas pelos alunos.

Os trabalhos dos alunos devem sempre ser socializados, seja em forma de mural, de exposição, de livrinho, *web page*. As charges mais engraçadas podem ser expostas na sala ou nos corredores da escola ou outras formas que o professor criar. Isso costuma fazer com que os alunos se esmerem mais nas produções e nas revisões dos textos. Ademais, é bom para a autoestima dos alunos ver seus trabalhos valorizados em um espaço público e apreciado por outros leitores que não apenas o professor.

▶ Objetivos

Esta atividade proporciona a capacidade de analisar como os fatores extralinguísticos – contexto/conhecimentos prévios – influenciam na construção e interpretação de um texto.

Para ser compreendida, uma charge depende de vários fatores, como os conhecimentos prévios do receptor para a interpretação da mensagem (englobando aí o fator *contexto*). Charges são textos que fazem alusão a algum acontecimento do momento (político, econômico, social etc.) e para que atinjam o seu objetivo de

---

[3] A duração das atividades vai depender do trabalho desenvolvido pelo professor, o grau de profundidade da discussão que ele quiser atingir e do interesse dos alunos pelo tema. A apresentação das charges, por exemplo, pode durar uma aula inteira.

provocar o humor, as charges dependem de que o leitor tenha conhecimento do contexto que envolve a cena retratada. Se o leitor desconhece qual é o acontecimento em questão, a charge muito provavelmente não fará sentido algum. Também é importante ressaltar os aspectos não verbais: as charges têm como característica principal serem desenhos, caricaturas dos acontecimentos (ou pessoas) em questão. São a união de desenhos e textos verbais, às vezes até mesmo somente desenho (sem o texto verbal). Sendo assim, oferecem ao professor uma ótima oportunidade para explorar a linguagem não verbal.

Os alunos devem ser levados a chegar a tais conclusões por reflexões próprias, pela análise das charges que entenderam e das que não entenderam. Trabalhando em grupo, essa análise fica mais fácil, pois aquelas charges que um aluno não entendeu, o outro poderá entender (e compartilhar os seus conhecimentos prévios que possibilitaram a compreensão da charge). Assim fica fácil compreender que é necessário o conhecimento prévio da situação retratada para que a charge possa ser entendida.

Os alunos devem ser incentivados a explorar os aspectos não verbais do texto, como traços caricaturais e outros elementos presentes, a fim de ver como tais elementos têm muito o que dizer.

Nesse trabalho, o professor pode discutir com os alunos as principais características das charges, os principais chargistas do Brasil e os principais alvos das charges. Ao trabalhar com esses textos, consideramos que o professor não pode perder a oportunidade de estimular discussões sobre linguagens não verbais, ideologia, formas de poder, liberdade de expressão, entre outros, pois a charge é um material riquíssimo para fomentar e subsidiar essas discussões.

ATIVIDADE 5 – *Cartões*

As cartas saíram da moda. O quente hoje é mandar *e-mails* e cartões virtuais. Há cartões de todos os tipos disponíveis na Internet: românticos, engraçados, debochados, sérios, artísticos, com música, sem música, animados e estáticos, para jovens, para adultos, para crianças, para os apaixonados e para os que querem se apaixonar, entre infinitos outros.

Sabendo disso e considerando que os alunos adoram mandar cartões virtuais, o professor de português não poderia perder essa oportunidade de trabalhar a leitura e a escrita com seus alunos de uma forma prazerosa e proveitosa para todos.

Os alunos deverão criar cartões adequados a algumas situações dadas, como por exemplo:
- Você namora a X e quer terminar com ela, mas sabe que ela está profunda e irremediavelmente apaixonada por você.
- Seu melhor amigo passou no vestibular e você quer dar os parabéns para ele.
- Seu melhor amigo não passou no vestibular e você quer dar um incentivo para ele.
- É aniversário do seu chefe e você quer parabenizá-lo.
- O cachorro que sua colega adorava morreu e você quer consolá-la.
- A sua namorada, por quem você está muito apaixonado (e ela por você), vai mudar para a França. O que você diria para ela?
- Hoje é aniversário de casamento dos pais da sua namorada. Dê os parabéns a eles.
- Um amigo seu conseguiu emagrecer 20 kilos. Felicite-o.
- Sua melhor amiga ficou grávida.
- Um conhecido seu conseguiu largar as drogas. Dê um apoio para ele.
- Um conhecido seu está enveredando pelo mundo das drogas. Dê um conselho a ele.
- Faça um convite irrecusável a um (ou vários) colega(s).
- O time rival do seu ganhou o campeonato. Mande uma mensagem para um colega torcedor desse time.
- O seu time ganhou o campeonato. Mande uma mensagem para colegas companheiros de torcida.

Os alunos podem lançar mão de situações verdadeiras e enviar os cartões, essa é a situação ideal, mas nem sempre possível.

O professor deve incentivar os alunos a responderem os cartões recebidos, mesmo as situações sendo fictícias, eles devem assumir o papel dos destinatários e responder como provavelmente responderiam.

Esta atividade poderá ser trabalhada com qualquer *site* que ofereça o envio de cartões virtuais gratuitos. Primeiramente, o professor deve fazer um levantamento com os alunos dos *sites* que oferecem este tipo de serviço (é bom perguntar quais eles conhecem, de quais gostam mais etc.). Feito o levantamento dos *sites*, é hora de criar. Cada aluno deve escolher uma situação para a criação do cartão. Se eles souberem como operar com outras ferramentas (como *power point*, ou *software* específicos para este tipo de atividade), poderão criar cartões totalmente personalizados que serão enviados como arquivo anexo.

No texto que irão escrever, os alunos devem se sentir livres para criar o que quiserem, desde que sejam coerentes com a situação escolhida.

Os alunos devem comentar os cartões que enviaram e os que receberam, discutindo as escolhas feitas, e os textos produzidos para cada cartão. O professor deve chamar a atenção da turma para a adequação da linguagem e do tipo de cartão usado para cada situação e para cada destinatário. O layout do cartão bem como o texto produzido deverão ser adequados à situação proposta, por exemplo: para despedida, provavelmente terão escolhido um cartão com tom menos alegre (com desenhos de bonequinhos chorando, carinhas tristes) e o texto certamente expressará a tristeza pela partida. Para o amigo que passou no vestibular, o tom será totalmente oposto. Deverá expressar alegria pela conquista do amigo e conter felicitações.

ATIVIDADE 6 – *Chat*

O famoso *chat* pode render boas aulas, pois, assim como o e-mail, traz uma linguagem cheia de códigos e de influência da linguagem oral. O texto 1, por exemplo, é um *e-mail* em que o usuário se apresenta. O texto 2, por sua vez, é uma parte ainda inicial de um chat na Internet.

Texto 1

Oi! Aqui é a Maria. Bem primeiro de tudo eu não tenho namorado. Eu toco um pouco de violão e guitarra e escrevo algumas músicas, mas elas são bem pessoais e eu nunca tive coragem de mostrar elas para ninguém e elas são em inglês, pois eu acho mais fácil e eu fasso aula de inglês a mais de 6 anos então eu acho q sei o básico da língua. Eu me dou bem com quase todos pois não gosto de briga e sei um pouco sobre tudo. Só não me dou bem com o tipo de pessoa q se acha mais importante q as outras mas o q podemos fazer esse tipo de pessoa existe em todos os lugares mesmo acima não brigo com essas pessoas pois geralmente o vocabulário delas é multo limitado então tudo q eu preciso fazer é falar algumas palavras q eles não conhecem q eles ficam quetos. Eu amo cinema mas já tem um tempo q eu não vou até porque a maioria dos filmes agora estão pondo 18 anos e eu não posso entrar. No mais pode parecer idotice mais eu adoro revistas em quadrinho principalmente do homem aranha. Eu também gosto de teatro fiz dois anos de aula de teatro mas agora não fasso mais. Bem acho melhor parar por aqui já te enchi demais.

UM BEIJO!

PS: Não tenho nada para escrever, mais um e-mail sem PS não vale!!!

Texto 2

(18:46:13) *Sincero reservadamente fala para @nja*: Olá!! Tudo bom com vc??

(18:46:21) *Lua&Flor*: entra na sala...

(18:46:24) *@nja reservadamente fala para* Casado Legal: OI

(18:46:28) *Amand@*: Oi Malcriada chegamos juntas???

(18:46:32) *Sincero reservadamente fala para @nja*: Justo o q estou procurando...

(18:46:36) *picapeiro fala para* C@chorroVir@L@t@®: Valeu....

> (18:46:43) *Amand@ fala para* Del Piero-RJ: Olá tudo bem?
> (18:46:44) *Casado Legal reservadamente fala para* @nja: oi minha anja, tudo bem?

O texto 2 foi retirado de Santos, Else Martins. *A influência das interações online na escrita do adolescente.* Belo Horizonte, FALE/UFMG, 2002. Projeto de mestrado (mimeo.) p. 6.)

Os *chats* são textos escritos, mas com algumas características de textos orais. Assim como o *e-mail*, o *chat* traz uma linguagem cheia de códigos e de influência da linguagem oral.

Num *chat*, encontramos diversos aspectos que fazem dele um gênero singular. Geralmente, nos *chats*, há a necessidade de comunicação rápida, e daí podemos atentar para as abreviaturas (recursos para diminuir o tempo de digitação). Também notamos o estilo irreverente que caracteriza este tipo de comunicação – a palavra *chat* significa "bate-papo" em português, e bate-papos são, por natureza, discursos com grande tom de irreverência e descontração. Numa conversa comum de *chat*, dificilmente a linguagem utilizada terá tom sério e formal. A informalidade é uma de suas características básicas.

A partir de textos como esses, o professor pode fazer com que os alunos explicitem os recursos utilizados pelos *chatters* – para diminuir o tempo de digitação, para transmitir a mensagem objetivamente, para revelar o tom de irreverência – e quais são as diferenças entre esse texto e um outro escrito no português padrão (sem recriminações ao texto do *chat* e do *e-mail*, mas atentando para o que eles têm de novo, de diferente do convencional). Pode-se também discutir como a linguagem revela características dos interlocutores como a idade, a personalidade, a classe social etc.

Uma ideia que costuma render bons frutos é colocar a meninada para entrar num *chat* e bater papo *on-line*. Isso pode ser feito só entre os membros da sala ou em salas de bate-papo abertas ao público. Fica a critério do professor. Depois de alguns minutos de *chat* os alunos deverão transportar a conversa para um arquivo do Word. Feito isso, discutirão o *chat* sob dois principais aspectos:

1. Os assuntos tratados (significados):
   a. profundidade do desenvolvimento do assunto;
   b. continuidade do assunto;
   c. temas mais comuns;
   d. os apelidos;
   e. problemas de comunicação.
2. A forma do texto:
   a. recursos utilizados (abreviações, *smileys* etc.);
   b. procedimentos para participar da conversa (ex. como entrar e sair do *chat*);
   c. tipos de frases mais usadas;
   d. linguagem usada.

Pode-se pedir aos alunos para fazerem uma retextualização, isto é, reescrever o texto num outro gênero. Eles podem reescrever o dialogo do chat numa estrutura de "redação" (narração ou dissertação, por exemplo), de forma a modificar o tom informal e eliminar os códigos e abreviaturas. O *chat* pode ser transformado também numa entrevista para uma revista ou outro gênero que os alunos sugerirem. Neste caso, terão que observar quais são as características do gênero de texto para o qual pretendem transformar o do *chat*, antes de realizar o processo de retextualização. Os alunos devem fazer as modificações necessárias para tornar o texto mais claro, a partir da explicitação de características que ficaram implícitas no diálogo (às vezes, no momento da conversa, a explicitação de algumas informações tornam-se desnecessárias, mas ao ser transformado em outro gênero textual, essa explicitação pode se fazer necessária). Essa tarefa deve ser usada como suporte para uma discussão a respeito de gêneros textuais escritos e orais.

▶ **Sugestões de leitura para o professor**

Sobre a oralidade, a sugestão do Chef são dois livros de fácil digestão e que, nem por isso, deixam de explorar com profundidade o tema:

RAMOS, Jânia M. *O espaço da oralidade na sala de aula*. São Paulo: Martins Fontes, 1997.

CASTILHO, Ataliba T. *A língua falada no ensino de português*. São Paulo: Contexto, 1998.

Sobre o Chat, uma apetitosa sugestão é uma dissertação que lida com a comparação entre oralidade e escrita:

SOUZA, Ricardo A. de. *O "chat" em língua inglesa: interações nas fronteiras da oralidade e da escrita*. Belo Horizonte: Faculdade de Letras da UFMG, 2000. (Dissertação de Mestrado).

ATIVIDADE 7 – *Vendendo a empresa*

Você é um empresário famoso e bem-sucedido, mas já está velho e agora quer curtir a vida com sua esposa. Como vocês não tiveram filhos e não têm parentes próximos para quem deixar a empresa, você resolveu vendê-la.

Na próxima semana, você se reunirá com empresários de todo o mundo interessados em comprar a sua empresa. Você apresentará sua empresa a eles. Planeje tal apresentação com sua equipe.

Levante, com o professor e os colegas, que tipo de informação seria relevante numa apresentação como essa? Quanto tempo ela deve durar? Como ela deve ser?

▸ Pense e pesquise

O que falar da empresa? (histórico, produtos, lucro, projetos, previsões).

Pesquise uma empresa na Internet para realizar essa tarefa.

▸ Objetivos

Essa atividade desenvolve habilidades tanto de escrita quanto de leitura. Portanto, vamos por partes.

Quando os alunos estiverem planejando a apresentação, exercitarão a leitura seletiva na busca de *sites* de empresas bem-sucedidas e que contenham informações relevantes para a realização da tarefa proposta. Poderão, por exemplo, buscar *sites* que contenham dados e números da empresa, a fim de apresentá-los aos compradores.

Para a apresentação, os alunos deverão identificar, entre as informações coletadas, as mais relevantes para serem transformadas em esquemas que serão apresentados no *Power Point*, um programa simples da Microsoft que ajudará os alunos a criar apresentações (como se fossem lâminas de retroprojetor, só que mais bonitas e sem usar as transparências, pois são projetadas direto na tela do computador).

A confecção das "transparências" bem como o planejamento e a execução do discurso oral da apresentação desenvolvem habilidades mais diretamente ligadas à escrita, como, por exemplo, estratégias de adequação do texto aos seus propósitos e àquela determinada situação.

▸ Avaliação

Os resultados dessa atividade são analisados em função do grau de capacidade do grupo de, no seu discurso, convencer os investidores.

Após a apresentação dos grupos, os alunos deverão escolher a(s) empresa(s) mais atraente(s) e justificar a escolha. A empresa que atraiu o maior número de investidores é aquela que melhor cumpriu a tarefa. Numa conversa amigável, os alunos devem fazer críticas e dar sugestões para cada grupo em particular, visando uma melhora nas futuras performances dos grupos.

Cafezinho/Licor

Aqui vão algumas atividades leves e bem-humoradas que vão ajudar o professor a acordar os alunos, chamando a atenção deles para um elemento muito importante na leitura e produção de textos: a pontuação.

Pontuação

(material do aluno)

Como você pontua seus textos?

Atividade 1 – *Meus critérios*

Faça uma lista dos critérios de você usa para colocar vírgula, ponto e vírgula, ponto final, dois pontos, reticências, travessão, aspas, entre outros sinais de pontuação.

1.	
2.	
3.	
4.	
5.	
6.	
7.	
8.	
9.	
10.	
...	

Atividade 2 – *Você aceita?*

Leia o texto abaixo e justifique a pontuação dele, usando a sua lista de critérios.

Você aceita?[1]

Decisões importantes, como casar, fazem parte de nossa vida e às vezes são difíceis de tomar. Mas algumas questões podem ajudá-la a chegar à melhor escolha.

do Paralela

Queremos a segurança emocional de um relacionamento, mas queremos também a liberdade de explorar o mundo. O processo de fazer escolhas pode ser difícil, porque traz conflitos internos. Que parte de mim devo escutar: a que precisa de segurança ou a que se desenvolve com a liberdade? Às vezes

---

[1] http://www.msn.com.br/mulher/relacionamento/default.asp (acessado em 24/10/2001).

tomamos decisões para agradar aos outros e essa é uma perigosa armadilha. O teste que elaboramos pode ajudá-la em situações complicadas. Enquanto estiver respondendo, tente esquecer os grandes temas, como o clássico "eu quero me comprometer"? Concentre-se em suas experiências e sentimentos atuais. Às vezes a alma sabe, e a mente não, por isso você tem que usar alguns truques para tirar sua mente do caminho.

(Ilustração: Shizue)

I. Discuta o texto com seus colegas.
- Na hora de decidir sobre um relacionamento, o que é importante considerar?
- Que perguntas vocês imaginam que aparecem no teste mencionado no texto?
- Você concorda com a seguinte afirmação: "Às vezes a alma sabe, e a mente não, por isso você tem que usar alguns truques para tirar sua mente do caminho."

II. Faça uma reflexão sobre sua lista de critérios da atividade 1. Com ela foi possível explicar toda a pontuação do texto?
- No caso de resposta negativa, refaça sua lista acrescentando critérios que faltaram.
- Agora mostre sua lista para os colegas e compare a sua com a deles.

Atividade 3 – *Bebum romântico*

Pontue o texto abaixo.

Bebum Romântico[2]

O sujeito chega em casa de madrugada completamente bêbado e começa a bater na porta mas a sua mulher não quer abrir abre a porta deixa eu entrar eu trouxe uma flor para a

---
[2] http://www.msn.com.br/humor/piadas/default.asp (acessado em 24/10/2001).

mulher mais bela do mundo o bebum grita sensibilizada por este detalhe romântico a mulher resolve abrir a porta o bêbado entra e se joga em cima do sofá e a flor a mulher pergunta e a mulher mais bela do mundo

---

Aponte as dúvidas que você teve na hora de pontuar esse texto e mostre como as solucionou.

Discuta com os colegas:
- O que você acha das atitudes do marido?
- No lugar da mulher, qual seria sua reação a este episódio?

Atividade 4 – *O caso da vírgula*

Observe as frases:

- Eu não tomo café.
  Café, eu não tomo.
- Vamos ao cinema amanhã.
  Amanhã, vamos ao cinema.
- Ele, antes de se casar, era um homem triste.
  Antes de se casar, ele era um homem triste.
  Ele era um homem triste antes de se casar.

Escreva regras que expliquem o uso da vírgula nelas.

Troque regras com os seus colegas e elabore, junto com eles, um conjunto de instruções para o uso da vírgula.

Atividade extra – *Conselheiro*

Considerando os textos "Você aceita?" e "Bebum romântico", que conselhos você daria a um amigo ou amiga que quer se casar?

Escreva o seu conselho e envie para os colegas, depois manifeste sua opinião sobre os conselhos dados por eles.

Pontuação

(material do professor)

Com estas atividades o professor vai ajudar os alunos a repensar o uso da pontuação, criando, a partir da observação de textos e da reflexão dos critérios que usa para pontuar seus próprios textos, regras para o uso de diversos sinais, como a vírgula, o ponto e vírgula, o ponto final, os dois pontos, as reticências, a travessão, as aspas, entre outros sinais.

Os alunos devem se sentir livres para pensar e trocar experiências com os colegas. Na atividade 2, chame a atenção deles para alguns usos comuns da pontuação, como por exemplo, o uso da vírgula antes de conjunções, as aspas para indicar a fala de alguém, a interrogação como recurso retórico.

No original, o texto "Bebum romântico" era pontuado da seguinte forma:

Bebum romântico[3]

O sujeito chega em casa de madrugada, completamente bêbado, e começa a bater na porta, mas a sua mulher não quer abrir.

– Abre a porta! Deixa eu entrar! Eu trouxe uma flor para a mulher mais bela do mundo! – o bebum grita.

Sensibilizada por este detalhe romântico, a mulher resolve abrir a porta. O bêbado entra e se joga em cima do sofá.

– E a flor? – a mulher pergunta.

– E a mulher mais bela do mundo?

Discuta com seus alunos as diferenças entre a pontuação que eles escolheram e a original do texto. Melhor do que encontrar "a

---

[3] http://www.msn.com.br/humor/piadas/default.asp (acessado em 24/10/2001).

solução" ou "a única resposta" é discutir com eles as possibilidades e o uso impróprio de alguns sinais de pontuação.

Comente com os alunos sobre as atitudes das personagens, e como a pontuação revela algumas emoções, transparece as entonações, sinaliza a maneira como devemos ler determinado trecho do texto etc. Lembre-se de que focalizar a pontuação não implica deixar de lado o trabalho de interpretação do texto, pelo contrário, as possibilidades de interpretação do texto, a exploração do humor e a linguagem usada também devem ser observadas.

▶ Objetivos

Levar o aluno a:

- avaliar o uso que faz dos sinais de pontuação;
- refletir sobre o uso da pontuação;
- criar suas regras para o uso de diversos sinais.

▶ Avaliação

Esta atividade terá cumprido seu objetivo se, a partir delas, os alunos forem capazes de usar mais consciente e adequadamente os sinais de pontuação. Para isso, o estudo desses elementos não pode se esgotar em uma só tarefa como nas atividades propostas aqui. É importante que a pontuação seja sempre discutida com os alunos em todos os textos que leem e que produzem.

Autora

Nasci em Belo Horizonte, há alguns anos, neta de avós que criaram e apreciavam pratos divinos, filha de pais que ainda me ensinam as mais maravilhosas receitas. Mãe de Bárbara e esposa de Leonardo, que todo dia me apresentam um tempero novo.

Entrei para a Faculdade de Letras da UFMG em 1984 e nunca mais saí. Fiz graduação, mestrado e doutorado lá com grandes *Chefs*, digo, professores. E é ainda lá que hoje troco receitas com meus alunos.

Trabalho no Projeto Redigir: curso de leitura e produção de textos em Língua Portuguesa (FALE/UFMG), no qual testei muitas das receitas deste livro, juntamente com ajudantes de cozinha de primeira linha, em especial, Diana Cardoso Martins e Carolina Nunes Bicalho, a quem não poderia deixar de agradecer imensamente todo o suporte.

Qualquer livro do nosso catálogo não encontrado nas livrarias pode ser pedido por carta, fax, telefone ou pela Internet.

✉ Rua Aimorés, 981, 8º andar – Funcionários
Belo Horizonte-MG – CEP 30140-071

📱 Tel: (31) 3222 6819
Fax: (31) 3224 6087
Televendas (gratuito): 0800 2831322

@ vendas@autenticaeditora.com.br
www.autenticaeditora.com.br

Este livro foi composto com tipografia Palatino e impresso em papel Off Set 75 g na Formato Artes Gráficas.